O QUE É A FELICIDADE?

O QUE É A FELICIDADE?

DAVID MALOUF

Tradução
GUILHERME MIRANDA
FERNANDO SANTOS

SÃO PAULO 2014

Esta obra foi publicada originalmente em inglês com o título
THE HAPPY LIFE
Por Black Inc.
Copyright © 2011 David Malouf

O autor concorda e se compromete em não realizar, a não ser para o Editor, nenhum trabalho que o Editor possa considerar, razoavelmente, prejudicial às vendas da obra durante a vigência deste contrato, sem o consentimento por escrito do Editor.

Todos os direitos reservados. Este livro não pode ser reproduzido, no todo ou em parte, nem armazenado em sistemas eletrônicos recuperáveis nem transmitido por nenhuma forma ou meio eletrônico, mecânico ou outros, sem a prévia autorização por escrito do Editor.

Copyright © 2014, Editora WMF Martins Fontes Ltda.,
São Paulo, para a presente edição.

1ª edição 2014

Tradução
GUILHERME HENRIQUE MIRANDA
FERNANDO SANTOS

Acompanhamento editorial
Márcia Leme
Revisões gráficas
Helena Guimarães Bittencourt
Marisa Rosa Teixeira
Edição de arte
Katia Harumi Terasaka
Produção gráfica
Geraldo Alves
Paginação
Studio 3 Desenvolvimento Editorial

Dados Internacionais de Catalogação na Publicação (CIP)
(Câmara Brasileira do Livro, SP, Brasil)

Malouf, David
  O que é a felicidade? / David Malouf ; [tradução Guilherme Henrique Miranda, Fernando Santos]. – São Paulo : Editora WMF Martins Fontes, 2014.

  Título original: The happy life.
  ISBN 978-85-7827-844-1

  1. Felicidade 2. Filosofia 3. Satisfação I. Título.

14-03223   CDD-170

Índices para catálogo sistemático:
1. Felicidade : Filosofia   170

Todos os direitos desta edição reservados à
Editora WMF Martins Fontes Ltda.
Rua Prof. Laerte Ramos de Carvalho, 133 01325.030 São Paulo SP Brasil
Tel. (11) 3293.8150 Fax (11) 3101.1042
e-mail: info@wmfmartinsfontes.com.br http://www.wmfmartinsfontes.com.br

Sumário

O QUE É A FELICIDADE?
A natureza de uma vida feliz   9
"A procura da felicidade"   21
Insatisfação   33
Felicidade na pele   56
A maneira como vivemos hoje   75

REAÇÕES
Robert Dessaix   105
Anne Manne   111
Robert Lagerberg   123
Tim Soutphommasane   127
Elizabeth Farrelly   134
Gordon Parker   139

O QUE É A FELICIDADE?

A natureza de uma vida feliz

Sem dúvida, a felicidade está entre as emoções humanas mais simples e espontâneas. Não há ninguém, por mais lastimáveis que sejam as condições de sua existência, que em determinado momento não tenha sentido a alegria de estar vivo: no amor de uma pessoa, na companhia de amigos ou colegas de trabalho, no sorriso de um bebê, na satisfação de um trabalho benfeito, na primeira folhagem que surge depois do inverno rigoroso ou, ainda mais simplesmente, no canto de um pássaro ou no calor da luz do sol. Mas para a grande maioria das pessoas que viveram no longo transcorrer da história da humanidade, essas alegrias podem ter sido apenas momentos efêmeros de uma vida em um ambiente predominantemente hostil.

Pense num camponês da Idade Média em sua luta para manter a integridade do corpo e da alma, sempre à mercê da fome, de doenças e do surgimento iminente de ladrões dispostos a pilhar sua comida e seus pertences; ou nas mulheres e crianças do século XVIII que passavam 15 horas por dia arrastando vagões lotados de carvão para fora das minas; ou ainda nos escravos africanos que sobreviveram ao tráfico negreiro rumo às Américas. Pense nos milhões de soldados e civis aprisionados nas guerras e movimentos sociais do último século, nas invasões, evacuações, reassentamentos forçados, na luta diária para sobreviver aos horrores de Auschwitz-Birkenau, Belsen ou Mauthausen.

Podemos ter uma vaga ideia do que a palavra "feliz" poderia significar para um prisioneiro de um campo soviético de trabalho forçado a partir da lista de pequenas felicidades citadas no final do livro *Um dia na vida de Ivan Denisovich*, de Alexander Soljenítsin:

> Shukhov foi dormir e estava muito satisfeito. Naquele dia, o destino havia sido gentil com ele em muitos aspectos: ele não fora colocado na solitária, o grupo não havia sido enviado ao Centro Comunitário Socialista, ele dera um jeito de conseguir uma tigela a mais de mingau para seu jantar, o líder do grupo combinara uma boa porcentagem, ele ficara contente construindo aquela parede, ele conseguira ocultar a lâmina durante a revista, ganhara algo de Tsesar à noitinha, comprara seu tabaco. E ele não havia adoecido – havia superado as indisposições matinais.
>
> O dia transcorrera sem uma única nuvem – quase um dia feliz.
>
> Houve três mil e seiscentos e cinquenta e três dias como esse na sua sentença, do toque de alvorada ao apagar das luzes.
>
> Os três dias a mais foram por causa dos anos bissextos (…).

David Malouf

A verdade é que, na maior parte de nossa história, são poucos aqueles que tiveram o privilégio de viver livres de longas horas de trabalho árduo e sem estarem vulneráveis à privação e a todo tipo de infortúnio e desfrutaram do luxo do que pode ser considerada uma felicidade mais estável: a liberdade de cultivar sua "terra" longe da agitação do dia a dia. Seja essa terra um pomar de verdade, com caminhos sombreados – como a chácara de Sabinos de Horácio ou a Ferney de Voltaire –, seja o jardim metafórico do "pensamento verde numa sombra verde", de Marvell. Ou numa vida que ainda está envolvida na contingência e no dia a dia, o que Montaigne chama de "o canto todo nosso, todo livre" que devemos reservar pela nossa autopreservação, até mesmo nos lares mais lotados de gente. "Nesse retiro", ele nos diz:

> devemos praticar uma conversa diária com nós mesmos, tão privada que nenhum familiar ou conversa externa possa entrar; falar e rir como se não tivéssemos mulher, filhos nem bens materiais, séquito ou criados, a fim de que, chegado o momento de perdê-los, isso não seja uma novidade para nós (…). Como Deus nos permitiu planejar nosso retiro, preparemo-nos para ele; guardemos nossos pertences, abandonemos mais cedo a companhia dos outros e libertemo-nos dos terríveis grilhões que nos prendem a outros lugares e nos afastam de nós mesmos. Devemos desfazer esses laços poderosos, e, desse dia em diante, poderemos amar isso e aquilo, mas só nos devotar a nós mesmos. Isto é, dei-

xemos que o resto seja nosso, mas não seja tão unido e colado a nós que não possamos nos distanciar sem que leve a nossa pele e arranque um pedaço de nós. A melhor coisa do mundo é saber pertencer a si mesmo.

Naturalmente, Montaigne sabe muito bem que é necessário mais do que a "permissão divina" para conseguir isso. Ajuda para quem era, como ele, o Seigneur de Montaigne, *Chevalier de l'ordre du Roy et Gentilhomme ordinaire de sa chambre*, prefeito e governador de Bordeaux, herdeiro de fortuna e grandes privilégios; mesmo assim, porém, a pessoa estará tão vulnerável quanto qualquer outra aos males do corpo e às hesitações, dúvidas, perturbações irracionais, variações de humor, aos medos que atormentam nossa frágil consciência – e, claro, ninguém, mesmo que protegido por títulos e pela benevolência real, está a salvo da Morte.

Por trás do passatempo idiossincrático de Montaigne do retiro no "canto" domiciliar, há uma longa tradição que remete ao passado clássico: a Sêneca, Cícero, Epiteto e também a escritores posteriores, como Epicuro, Aristóteles e Platão, do século IV a.C. É dessa tradição que encontramos um eco tardio em um dos mais admirados poemas ingleses do século XVII, "Character of a Happy Life" [Natureza de uma vida feliz], de *Sir* Henry Wotton, uma versão do *Segundo Epodo* de Horácio, "Beatus ille qui", "Feliz aquele que…":

David Malouf

How happy is he born or taught
    That serveth not another's will;
Whose armour is his honest thought,
    And silly truth his highest skill!

Whose passions not his masters are,
    Whose soul is still prepared for death;
Untied unto the world with care
    Of princely love or vulgar breath;

Who hath his life from rumours freed,
    Whose conscience is his strong retreat;
Whose state can neither flatterers feed,
    Nor ruin make accusers great;

Who envieth none whom chance doth raise
    Or vice; who never understood
How deepest wounds are given with praise;
    Nor rules of state, but rules of good;

Who God doth late and early pray
    More of his grace than gifts to lend;
Who entertains the harmless day
    With a well-chosen book or friend;

– This man is free from servile bands
    Of hope to rise, or fear to fall;
Lord of himself, though not of lands;
    And having nothing, he hath all.*

....

    * Como é feliz aquele que nasce ou é ensinado / Para não servir à vontade de outro; / Cuja armadura é o pensamento honesto / E a verdade

O QUE É A FELICIDADE?

Wotton, amigo íntimo de John Donne em Oxford e, mais tarde, do maior intelectual da época, Isaac Casaubon, em Genebra, é, em muitos aspectos, o modelo do homem renascentista. A vida que celebra em seu poema é a sua própria, tendo encontrado um equilíbrio entre estas possibilidades que, segundo o pensamento da época, eram opostas: a vida ativa e a vida contemplativa. Ele passou trinta anos no serviço diplomático e tinha um senso de humor que muitas vezes lhe causava problemas; é autor da cínica definição do diplomata como "um homem honesto enviado ao exterior para mentir pelo bem do seu país". Por mais de vinte anos atuou como embaixador britânico em Veneza e, ao se aposentar como reitor do Eton College, passou os dias "inofensivamente", como diz, na compa-

....
tola, sua mais sublime habilidade! // Cujas paixões não são seus mestres, / Cuja alma já está preparada para a morte; / Desatado do mundo com cautela / Com o amor opulento ou o burburinho vulgar; // Que tem sua vida livre dos rumores, / Cuja consciência é seu forte retiro; / Cuja condição os bajuladores não podem alimentar / tampouco podem os acusadores arruinar; // Que não inveja ninguém que o destino favorece / Ou desfavorece; que nunca entendeu / A profundidade das feridas feitas com a exaltação; / Tampouco as regras do estado, mas apenas as regras do bem; // Que a Deus ora de manhã e à noite / Mais para louvá-lo do que para pedir bens; / Que distrai o dia inofensivo / Com um bem escolhido livro ou amigo; // – Este homem é livre dos laços servis / Da vontade de ascensão e do medo da queda; / Senhor de si mesmo, mas não de terras; / E, não tendo nada, tem tudo. (N. do T.)

nhia de seus livros e de alguns amigos mais próximos, e também pescando numa ilha do Tâmisa conhecida como Black Potts. Seu companheiro nessas ocasiões era Izaak Walton, que, mais tarde, descreveu os dias que passaram juntos em seu livro *The Compleat Angler* [O pescador perfeito].

Wotton, como isso tudo sugere, era um cidadão do mundo e sabia muito bem como ele funcionava. Como altos cargos atraem bajuladores vazios, mas também homens cujo principal objetivo é difamar e derrubar as outras pessoas. Como as palavras feitas para matar podem estar disfarçadas de elogios. Como o homem de prestígio e poder, por menor que seja, pode desperdiçar seu espírito com sonhos de maior poder ou medo da derrocada. O próprio Wotton é um modelo da insistência de Montaigne em que "a solidão é mais conveniente e adequada quando se vive o período mais ativo e vigoroso da vida". Mesmo tendo escolhido o caminho do mundo das ações e dos negócios com toda a energia que havia dentro dele, ele também conseguiu se manter distante das tentações da corrupção, tanto no campo público como no privado, e, sem depender da aprovação de príncipes ou das massas, continuou sendo alguém que, até o fim da vida, era "senhor de si mesmo, mas não de terras; e, não tendo nada, tinha tudo". Nos séculos que se passaram desde então, não houve melhor afirmação sobre o que as várias escolas clássicas – a aristotélica, a epicurista e a estoica – teriam concordado ser a forma mais elevada de felicidade, e também a mais nobre sabedoria.

E hoje em dia?

Uma diferença, ao menos nas sociedades desenvolvidas – como a minha, a australiana, que não é uma sociedade pequena –, é que isso que chamamos de felicidade é uma condição a que todos aspiramos e da qual, seja qual for o nosso lugar na sociedade, consideramos ter o direito de desfrutar. Julgamos uma sociedade e o Estado ao qual ela pertence pelo grau de liberdade e felicidade de sua população, bem como pela extensão em que suas instituições alimentam essa possibilidade. A proposta de Jeremy Bentham em *Uma introdução aos princípios da moral e da legislação* (1789) – "a maior felicidade do maior número de pessoas" – tornou-se essencial para qualquer plataforma política séria.

Mas, na nossa visão de mundo, o que significa realmente a felicidade e como ela veio a ser considerada um *direito*, uma possibilidade que deve estar ao alcance de todos? E como "a vida feliz", tal como a concebemos hoje, no final da primeira década do século XXI – em um mundo onde "pílulas de felicidade" podem ser compradas com receita médica ou em qualquer festa ou clube noturno, onde todos os bares da cidade têm um *happy hour* e onde uma das curas instantâneas para pequenos graus de *in*felicidade é o que chamamos de "terapia de compras" –, está relacionada com a maneira como Aristóteles, Sêneca ou mesmo Montaigne a viam, ou com a maneira como ela aparece no poema de *Sir* Henry Wotton?

Para Wotton, vida feliz é aquela que usou plenamente os dons que a pessoa recebeu e cumpriu sua promessa, primeiro no trabalho e, depois, em dias e noites de descanso; a vida foi boa para ela, mas ela, em troca, também cumpriu bem o seu papel. Se lhe perguntassem sobre a vida "boa", ele teria mencionado a palavra "inofensiva". Tinha feito o que podia pelo mundo e não havia causado mal a ninguém.

A "boa vida" como a entendemos atualmente não levanta a questão da maneira como vivemos, tampouco das qualidades, dos benefícios ou malefícios morais; essa expressão não é mais empregada com esse sentido. A boa vida como a entendemos tem a ver com o que chamamos de estilo de vida, com aproveitar um mundo que nos oferece presentes e vantagens gratuitamente. Em termos que talvez até mesmo o início do século XX teria compreendido, a noção de Virtude mal existe para nós. É uma palavra estranha e obsoleta que, assim como sua contraparte, o Mal, na correria da vida cotidiana, não tem utilidade prática. O Mal existe, assim como o câncer. É misterioso, assustador e não tem cura, mas nós o vemos mais como algo específico do que generalizado. Homens e mulheres comuns podem ser insensatos, insensíveis, irresponsáveis, egoístas, gananciosos; a raiva e o medo irracionais, ou as drogas e o álcool, podem levá-los a fazer coisas destrutivas e criminosas. Eles não são necessariamente maus. No entanto, alguns – que são relativamente poucos – não têm noção da realidade ou dos sentimentos alheios. Os neurocientistas diriam que eles sofrem de uma patologia de ordem química, o que, até o momento, parece ser tudo o que podemos saber.

Em um mundo em que a virtude não é mais tida como referência, acreditamos, hoje, que as qualidades *sociais* são a maneira como a bondade se apresenta: bondade de coração, altruísmo, generosidade, caridade, preocupação com os outros – valores comunitários, o que não é algo ruim; boa vizinhança, a responsabilidade que demonstramos para o bem comum, nossa contribuição ao mundo como um todo; as contribuições que fazemos para suprir necessidades alheias.

A televisão está cheia de propagandas e apelos à nossa consciência social e à nossa boa vontade: *Save the Children*, *World Vision*, Oxfam, Médicos Sem Fronteiras, Anistia Internacional; em âmbito local temos a Sociedade de São Vicente de Paulo e o Exército da Salvação. Deixamos as escolhas pessoais, como o que se refere ao comportamento sexual por conta de cada um, a menos que elas assumam forma social, como a violência doméstica, ou legal, como o abuso infantil. Se a paz espiritual for um objetivo, cabe a cada indivíduo buscá-la como um assunto particular.

O conforto da filosofia ainda está ao nosso alcance, como estava ao de Montaigne nos escritos de Platão, Aristóteles, Epiteto, Cícero e Sêneca; e, nestas primeiras décadas do século XXI, também podemos nos voltar ao próprio Montaigne, assim como a Espinosa, Kant, Schopenhauer e Kierkegaard. No entanto, não temos escolas formais, como os gregos e os romanos tinham para treinar sua elite na disciplina pessoal e social no cuidado consigo mesmo, com sua autopreservação, isto é, contra a vulnerabilidade a coisas externas, contra a perda da autocontenção e da autossuficiência e contra a perda de controle.

O que temos é a ajuda psicológica para aqueles que a buscam ou o cuidado pastoral de uma igreja, se pertencemos a uma; ou ioga, meditação, agências de namoro, Facebook, *sites* de relacionamentos, drogas, ciclismo, corrida, ou toda a gama de estímulos e sensações proporcionados pelos programas de esportes contínuos na TV paga, *sites* pornográficos que se proliferam, eventos esportivos, gastronômicos ou de moda, ou, ainda, clubes noturnos. É um mundo livre – faça sua escolha.

O QUE É A FELICIDADE?

Hoje em dia, a maioria de nós desfruta de uma boa vida nesse sentido material. (Quando digo "a maioria de nós", refiro-me aos novos privilegiados, aqueles que vivem em sociedades desenvolvidas e industrializadas. A verdade é que, embora todos estejamos vivos no planeta ao mesmo tempo, nem todos vivemos no mesmo século.)

Se julgarmos pelo alto nível de voluntariado na comunidade e pelo que vimos no início do ano nas enchentes de Queensland, também estamos levando uma vida boa – no sentido de vidas que se preocupam com os outros, com os menos afortunados, e em nossa disposição a dedicar uma parte tão grande do nosso tempo livre para ser úteis, para "contribuir".

A questão que se apresenta não é tanto "Como devemos viver se queremos ser felizes?", mas como é possível que, em um momento no qual as principais fontes da *in*felicidade, da miséria e da desgraça humanas – a injustiça social em grande escala, a fome, pragas e outras doenças, a certeza quase absoluta de uma morte precoce –, foram quase completamente eliminadas das nossas vidas a felicidade ainda fuja de muitos de nós? O que dentro de nós ou no mundo que criamos continua a nos impedir de ser felizes?

"A procura da felicidade"

Em um dia quente de verão, de junho de 1776, numa sala no segundo dos três andares da casa localizada na esquina da Market com a Seventh Street, nas redondezas da Filadélfia, Thomas Jefferson, então com 33 anos, sentou-se para cumprir a tarefa que havia recebido de redigir a declaração proclamando a separação de seu país, que viria a se tornar os Estados Unidos da América, da Grã-Bretanha.

Ele tinha uma boa ideia do valor daquilo que estava fazendo, e a linguagem que adotou tinha a grandiosidade que, na sua opinião, a importância do momento exigia. Tencionava fazer o mesmo apelo à nossa imaginação que aquele ato de rebelião justificada, de liberação, teria na esfera histórica. "Quando, no decorrer dos acontecimentos humanos, torna-se necessário para um povo", ele escreve, "dissolver os laços políticos que o ligavam a outro, e assumir, entre os poderes da Terra, posição igual e separada à qual as leis da Natureza e do Deus da Natureza lhe dão direito (…)."

Mesmo ele, porém, não imaginava, conforme sua pena deslizava, que as palavras que escrevera em seguida se tornariam, talvez, as mais influentes do século vindouro e que meia dúzia delas se destacaria como algumas das mais conhecidas e citadas da língua inglesa: "Consideramos estas verdades como sagradas e inegáveis: que todos os homens são criados iguais, dotados pelo Criador de certos Direitos (inerentes e) inalienáveis, entre os quais estão a Vida, a Liberdade e a procura da Felicidade."

Vinte anos depois, quando todos os objetivos tinham sido alcançados, quando a República estava estabelecida e a Declaração tornara-se famosa como uma contribuição "dele" para um momento grandioso da história, Jefferson fez pouco-caso, deliberadamente, da originalidade do que havia escrito. "Sem visar à originalidade de princípios ou sentimentos", ele insistiu, "e tampouco ser copiada de algum texto prévio em particular", a Declaração se baseou "nos sentimentos harmônicos do momento, fossem eles expressos em cartas, ensaios publicados ou em obras fundamentais de domínio público, como os de Aristóteles, Cícero, Locke, Sydney etc.".

Jefferson não estava sendo modesto; ele não era um homem modesto. Ele estava se defendendo da acusação de plágio.

Alguns dias antes de sentar para escrever seu próprio rascunho, ele havia recebido o preâmbulo de seu amigo George Mason à Constituição da Virgínia, na qual teria lido: "Todos os homens são criados igualmente livres e independentes, e têm determinados direitos inerentes e naturais (…), entre os quais se encontra o gozo da vida e da liberdade, por meio da aquisição e posse de propriedades, e da procura e do alcance da felicidade e da segurança."

Nada disso diminui o feito de Jefferson. No máximo, enriquece-o.

Além do tom muito diferente da Declaração, que é em si parte importante do que é dito, está o "toque" que Jefferson dá ao conseguir reduzir "o gozo da vida e da liberdade, por meio da aquisição e posse de propriedades, e da procura e do alcance da felicidade e da segurança" de Mason a apenas nove palavras.

Desaparecem a referência lockiana à propriedade e a associação da felicidade com a "segurança" feita por Mason. Libertada de sua ligação com a propriedade, a Felicidade, como Jefferson a evoca, afasta-se do sentido mais restrito de prosperidade *material* e se aproxima de um mais amplo e generalizado de bem-estar emocional, além de assumir uma importância que não tem no preâmbulo de Mason, pois, agora, destaca-se no ápice de uma lista.

"A Vida, a Liberdade e a Procura da Felicidade" – essa, se precisarmos, é a perfeita demonstração de que, no fim, o que importa não é aquilo que é pensado, mas a força – a clareza e o toque – daquilo que é dito.

O QUE É A FELICIDADE?

Na formulação de Jefferson, sem que ele percebesse, talvez algo novo tenha sido dito. A Procura da Felicidade recebe agora o mesmo valor, como direito natural, que a Liberdade e a Vida; e isso é extraordinário porque, não fosse por isso, poderia parecer que os três pertencem a ordens separadas de experiência: a Vida à natureza, a Liberdade à esfera social, a Felicidade – ou, pelo menos, o direito de procurá-la – a nosso ser interno e pessoal. Certamente essa é a noção do Novo Mundo, uma expressão do otimismo norte-americano e, à medida que o otimismo vai se difundindo para o Velho Mundo no século seguinte, da influência norte-americana e do futuro até então inimaginável – inimaginável talvez, mas desde então *declarado* em termos memoráveis. Claro, nada ouvimos disso quando, dez anos mais tarde, a Revolução Francesa cria sua própria tríade igualmente famosa nos Direitos do Homem. Liberdade, Igualdade e Fraternidade pertencem a uma única categoria. São todos termos sociais.

Então, o que a felicidade está fazendo na Declaração e o que Jefferson quis dizer com ela?

Felicidade ou "happiness", em inglês, é uma palavra peculiar, tão comum e amplamente utilizada que raras são as vezes em que nos perguntamos como ela passou a existir e a carregar a vasta gama de emoções que associamos a ela. Bem-estar, contentamento, alegria, satisfação serena, deleite – todas as condições que pertencem ao mundo interno dos sentimentos, uma sensação de estar à vontade dentro de nosso próprio corpo, à vontade com o mundo, em unidade consigo mesmo. É um estado que pode ser durável e contínuo, mas também pode ser uma questão de surpresa quando a consideramos como alegria.

Mas essas são uma série de sentidos derivados que se somaram à palavra com o tempo. Originalmente, "happiness" significava algo completamente material e objetivo, sem nenhuma relação com o sentimento.

Relacionada a outras palavras com a mesma raiz, como "happen" [acontecer], "happening" [acontecimento], "happenstance" [acaso], "mishap" [contratempo] e "hapless" [desafortunado], significava o estado daquele que se encontra em uma boa situação no mundo do acaso e da eventualidade, daquele que tem sorte, sendo favorecido pelos deuses e, portanto, agraciado com o que a vida lhe traz; é nesse sentido mais arcaico de ser bem aproveitado pela sociedade e pelo mundo que a felicidade aparece nas obras de filósofos sociais.

Ou seja, as duas formas como vivenciamos a "felicidade" – como boa sorte e como o prazer que dela recebemos – dão origem a dois sentidos separados e muito diferentes da palavra. E, assim como o contrário de boa sorte pode ser várias formas de *in*fortúnio, como pobreza, problemas de saúde, fracasso e assim por diante, também há estados negativos psicológicos: descontentamento, insatisfação, ansiedade, inquietação, estresse, melancolia, depressão etc.

A felicidade é uma zona cinzenta; ao contrário da Vida ou da Liberdade, é difícil definir por ser difícil obrigar o seu cumprimento, e, afora o contexto dos termos restritos e materialistas a que os filósofos dos séculos XVII e início do XVIII reduziram a palavra, é impossível legislar em função dela.

Assim como muitos dos seus contemporâneos norte-americanos, Jefferson era um leitor ávido dos pensadores morais e sociais da Inglaterra e da Escócia do século anterior: o grandioso John Locke, obviamente, que é essencial, mas também Algernon Sydney (1623-1683), autor de *Discourses Concerning Government* [Discursos sobre o governo], que ele menciona em sua retratação como uma das fontes dos "sentimentos harmônicos do momento"; o irlandês Francis Hutcheson (1694-1746), cujo *Inquiry into Our Ideas of Beauty and Virtue* [Inquérito sobre nossas ideias de beleza e virtude] foi uma grande influência no pensamento de Jefferson;

e, o mais importante de todos nesse contexto, Richard Cumberland, o primeiro filósofo moral a equiparar o maior bem com a maior felicidade e cujo "grande princípio moral", em seu *De Legibus Naturae*, de 1672, é que "o esforço mais pleno e vigoroso de cada um dos agentes na promoção do bem comum do sistema racional contribui efetivamente para o bem de cada uma das partes desse sistema; sob esse Todo, ou Sistema, *a Felicidade individual de cada um, e de todos nós, é contida*" (grifo meu).

Esse trecho, considerando sua pontuação peculiar e arcaica e o estilo intrincado da frase, é bastante claro, mas Cumberland elucida ainda mais o que quer dizer por Felicidade ao evocar seu oposto.

"Ao contrário", ele nos diz, "Atos opostos a tal Propensão devem produzir efeitos opostos e, como Consequência, entre muitos outros Males, envolver cada um de nós em Miséria."

Se pensarmos que a Miséria existe em variadas formas, como pobreza, opressão, injustiça, servidão, escravidão ou o tipo de selvajaria que decorre do afundamento no caos primordial, conseguiremos ter uma ideia do que Jefferson pode ter querido dizer com a procura da felicidade e por que, quando Mason se refere a ela, ela está ligada à "segurança". O sentido dessa palavra é liberdade, de maneira que, certamente, cabe a um bom governo tentar libertar os cidadãos menos favorecidos (como as classes baixas de párias sociais que dão título a *Os miseráveis*, de Victor Hugo) das piores formas de miséria social: fome, falta de moradia, discriminação religiosa ou racial perante a lei, desemprego e muitas outras formas de exclusão social. Mas isso só torna o uso que Jefferson fez da palavra, na Declaração, ainda mais intrigante.

Liberdade dos males sociais é uma coisa que pode aproximar as pessoas da felicidade, mas apenas no sentido material e na medida em que as livraria de algumas das condições para a *in*felicidade. Mas Felicidade, colocada por Jefferson ao lado de termos tão absolutos como Liberdade e Vida, parece sugerir mais que isso. Algo maior e mais edificante, mais próximo, talvez, dos "sentimentos harmônicos do momento" e da *Freude* [alegria, júbilo] de Schiller, na "Ode à alegria".

Quaisquer que tenham sido as verdadeiras intenções de Jefferson, o fato é que "a Procura da Felicidade" sempre foi *considerada*, pelo menos pela população geral (a quem mais a Declaração se dirigiria?), em seu sentido mais amplo. Não como um filósofo moral do século XVII a via, como liberdade do desejo ou da intimidação dos grandes e poderosos – uma condição para a qual é possível legislar –, mas como algo absolutamente mais subjetivo, menos definido ou controlável, para o qual não se pode legislar: essa noção de bem-estar perene do "homem feliz" da longa tradição literária, que vive satisfeito com seus vizinhos, com o Estado e consigo mesmo; isso se tornou inevitável a partir do momento em que Jefferson enxugou a prolixa formulação de Mason em uma sucinta frase ("cativante", diríamos até) de nove palavras e colocou a Felicidade precisamente onde chamaria a máxima atenção, no clímax de sua tríade de direitos inalienáveis. Qualquer possibilidade de entendê-la no sentido sociopolítico mais restrito foi esmagada pela impetuosidade da retórica de Jefferson.

O que Jefferson fez, com ou sem intenção, foi confundir, permitindo que se misturassem duas áreas de experiência que não podem absolutamente estar contidas no mesmo termo – ao menos não do ponto de vista político ou legislativo –, e tampouco ser tratadas como uma só. O resultado é que o que a Declaração parece oferecer é uma promessa, talvez uma garantia de que, na nova concepção política, na república que viria a se tornar os Estados Unidos, o direito à Felicidade seria um direito da mesma categoria do direito à Vida e à Liberdade; isso engloba felicidade no sentido comum, cotidiano e subjetivo da palavra – como contentamento, satisfação, prazer – e naquele que os poetas românticos usariam (Wordsworth à sua maneira, Blake à sua) como Deleite, como Júbilo.

No Novo Mundo, a Felicidade seria um princípio fundamental tanto do bom Estado, *res publica*, como da boa vida que poderia ser levada nele, e, se não foi exatamente isso o *prometido*, dali em diante isso passou a ser o esperado pela maioria e, com o tempo, buscado ardentemente.

Isso é novo no contexto do mundo iluminista do século XVIII e aponta audaciosamente para o século vindouro e além; por outro lado, como da boa parte do pensamento iluminista, também olha para o passado, para o mundo pré-cristão da Grécia e de Roma (na lista de Jefferson com os escritos antigos que contribuíram para a Declaração, Aristóteles e Cícero aparecem ao lado de Sydney e John Locke), o que também desempenha um papel no que estava por vir.

Quando o cristianismo ofereceu a felicidade a seus fiéis, ela era uma recompensa, pela fé ou pelas boas ações, no *outro* mundo. A Declaração a oferece como um direito natural neste mundo, o Novo Mundo do aqui e do agora. A República, quando chegasse (a Declaração, vale lembrar, foi escrita em 1776 – ainda seria preciso lutar e vencer a Guerra da Independência), basear-se-ia em direitos naturais, como intencionado pelo Criador, mas suas formas visíveis refletiriam mais a forma da república romana do que a da inglesa, mais recente. Os membros eleitos formariam um senado. Ficariam num capitólio. O estilo arquitetônico do seu centro administrativo e da capital federal, projetados por Jefferson, remeteria à sua verdadeira fonte de inspiração: o neoclassicismo.

Apesar de todo o fervor "religioso" da retórica da Declaração e da evocação convencional do Criador, a república norte-americana, ao contrário da inglesa de Cromwell, seria intrinsecamente secular, um dos motivos pelos quais a nova federação, depois de estabelecida, agiu tão rapidamente para separar a Igreja do Estado.

"A Procura da Felicidade" é a verdadeira bomba-relógio na Declaração. Suspeita-se que também tenha sido, no que se refere a Jefferson, mais um ato de linguagem do que um ato político. Ele foi levado, durante a escrita propriamente, a falar em termos mais radicais do que sabia e com um sentido diferente do que pretendia conscientemente – contudo, sua mente era tão complexa e dividida que não podemos afirmar isso com certeza.

Shelley chamava os poetas de "os legisladores não reconhecidos do mundo". Em termos mais claros, pode-se dizer que os poetas, com aquilo que encontram por acaso durante o ofício da escrita, com a linguagem que utilizam e com a maneira como a empregam, podem abrir caminho para mudanças institucionais ao revelar aquilo que, ainda que de maneira vaga a princípio, vemos como uma nova possibilidade. Uma possibilidade que, depois que a mente começa a trabalhar nela, torna-se uma realidade sem a qual não podemos viver.

Insatisfação

Em *Protágoras*, de Platão, o sofista que dá nome ao diálogo apresenta a seus ouvintes uma versão da origem das coisas, uma história de como a vida animal e humana surgiu no planeta. É uma história de ficção. Não tem a intenção, como no darwinismo, de ser cientificamente verdadeira, tampouco exige fé, como na versão bíblica. Nos termos sofisticados do pensamento clássico, ela começa com o mundo como o observamos – nosso lugar na criação, nossa história – e se desenvolve com uma versão especulativa da origem de todas as coisas, permitindo que pensemos naquilo que, por um lado, é característico do mundo animal e, por outro, do humano, a fim de que possamos chegar a uma compreensão mais clara do que isso *representa*.

O interesse de Platão, aqui, concentra-se em quais de nossas capacidades (ele está particularmente interessado nas virtudes cívicas) são aprendidas e podem, portanto, ser ensinadas, e quais são inatas; mas a história que Protágoras conta é aberta a outras interpretações. Também tem algo a dizer, como o filósofo alemão Heidegger a empregou numa série de conferências em

1942 – no preciso momento, aliás, em que todo o complexo industrial de seu país estava voltado à produção de armas de guerra e extermínio de milhões de seres humanos com o uso de tecnologias avançadas – sobre o papel que a *techne* (arte, artifício, invenção) desempenhou no desenrolar da nossa história e para onde, em sua forma pós-industrial, ela pode estar nos levando.

Na história da criação que Protágoras conta, Zeus, pai de todos os deuses, que poderia ele mesmo ter tomado conta das coisas, passa o trabalho da criação ao titã Prometeu, que, por sua vez, transfere a execução da empreitada a seu irmão gêmeo, Epimeteu.

A ordem era distribuir entre as diversas espécies um estoque de qualidades que permitiriam a vida de cada mamífero, réptil ou ave no mundo fértil e pleno e, ao mesmo tempo, criariam entre essas espécies um equilíbrio que, apesar de suas diferenças de tamanho, força, combatividade etc. e da disputa inevitável que surgiria pelos recursos, mantivesse as espécies protegidas umas das outras e todo o sistema sustentavelmente intacto.

Epimeteu começou a distribuir a cada uma das criaturas a qualidade específica de que elas precisariam para se proteger dos elementos: a pele, as penas ou o couro grosso que as manteriam secas e aquecidas; os colmilhos ou garras que protegeriam uma fera da outra; a capacidade de correr ou cavar rapidamente que lhes permitiria escapar quando estivessem ameaçadas. Ele compensa aqueles de maior tamanho com o movimento lento, faz alguns animais serem apenas herbívoros e torna escassos os predadores carnívoros e com menos crias, mas torna suas presas férteis e abundantes para que o número delas se mantenha.

Mas Epimeteu, como seu nome diz, tem um defeito.

Prometeu, em grego, sugere premeditação ou pensar à frente das coisas, enquanto Epimeteu sugere pensar depois – ou tarde demais.

Epimeteu é associado, em sentido positivo, com a força da memória, mas também com o esquecimento. O seu espírito é o da reflexão. De olhar para trás e reconsiderar, mas, também, como nesse caso, de se descuidar.

Enquanto distribuía, o mais sabiamente possível, todas as qualidades à sua disposição e criava uma vida boa e saudável para cada criatura e um equilíbrio adequado entre elas, ele olhou ao redor e encontrou, esperando pacientemente atrás dele, outra criatura da qual tinha se esquecido completamente – talvez ele tivesse deixado essa criatura por último porque as necessidades dela fossem mais difíceis de atender do que a dos outros. O Homem não recebera nenhum dom ou qualidade e Epimeteu não tinha mais o que oferecer.

Sem penas, pele ou couro para se proteger, sem concha para se abrigar ou cobrir sua cabeça, sem cascos ou pés acolchoados para se proteger de pedregulhos ou espinhos, sem tamanho suficiente para deter agressores, sem a velocidade dos grandes felinos para caçar sua presa ou a dos ratos para fugir correndo, sem asas para voar para o alto, longe do alcance, lá está ele, e não há mais nada a oferecer. Desesperado com esse descuido, esse erro descomunal, Epimeteu se volta para Prometeu, que, como sempre, dá um salto ousado na direção do desconhecido e cria uma solução.

O que os deuses tinham feito pelos outros, o Homem teria que fazer por si próprio. Ele teria que ser, do começo ao fim, o inventor de sua própria natureza e conseguir para si os dons que lhe foram negados. Sem nenhuma vantagem *natural*, ele teria que se tornar um improvisador, o modelador do seu mundo, do seu ambiente e das suas condições, em razão de sua própria fraqueza. Ele seria o projetista e o construtor dos seus abrigos, um criador de roupas e ferramentas; aquele que concebe as armas de que precisará para se manter seguro, e a enxada, a pá e o arado que forçarão a terra a alimentá-lo; das máquinas e, no futuro, dos motores que lhe darão a velocidade que foi dada ao guepardo e a capacidade de voar que foi concedida ao pardal e ao falcão. Mas, para fazer todas essas coisas, ele precisará desenvolver dentro de si uma "essência" e características semelhantes às dos deuses, como o poder da imaginação e da inventividade, o que Prometeu aceita roubar da esfera das deidades, do próprio Céu, a começar pela habilidade mais antiga e essencial, a fonte de toda a tecnologia: o conhecimento de como fazer o fogo e levá-lo consigo para onde quer que fosse.

Essa versão do mito da criação coloca o Homem sob uma luz heroica. Sua vida é uma luta constante e desamparada contra todas as forças em contrário. Todas as coisas relacionadas a ele, tudo o que é humano, a partir de um erro original, um descuido da parte do Criador, será uma tentativa de corrigir esse erro e tirar proveito daquilo que lhe foi negado, a fim de transformar o que era uma fraqueza básica em uma força. Ele precisa ser o cuidador autossuficiente e criador de sua própria natureza, de sua própria história e de seu próprio destino.

Uma figura solitária, heroica, mas também incansavelmente inquieta e eternamente incompleta, é o Homem, o Criador, cujo dom peculiar é a habilidade ou *techne*, a capacidade de forjar, moldar, conceber, de tomar o mundo que não tinha espaço para ele e torná-lo seu. Para transformar a selva numa paisagem fértil e assentar estradas pelas quais se deslocar e, acima de tudo, para fundar sociedades e construir cidades, esses artefatos humanos ideais, a encarnação da sociabilidade, da virtude cívica, da indústria, da boa governança e do domínio da lei.

Contudo, a qualidade especial de que o Homem é dotado nessa versão da nossa história e com a qual, num arriscado experimento, é mandado para se apropriar do mundo – essa *techne* e essa capacidade de invenção – implica outras qualidades prévias. A curiosidade, por exemplo, e, mais preliminarmente ainda, uma tendência à observação, para ver sob a superfície e além da mera visão dos fenômenos extraordinários, para colocar duas coisas distintas lado a lado e deduzir a relação entre elas; enfim, a capacidade do pensamento produtivo. Uma capacidade, simplesmente, de olhar ao redor, ficar confuso e perguntar o porquê; então, transformar essa confusão na busca de uma resposta. E isso diz muito sobre a insatisfação, uma sensação de insegurança e incompletude absoluta, uma crença de que sempre haverá mais a ser descoberto e a ser possuído, e de que, assim que você tiver se apoderado desse "mais" e o tiver em mãos, não estará nem feliz nem completo.

O que Platão revela, ao menos segundo a interpretação posterior e "moderna" que Heidegger faz de *Protágoras*, é a constituição da nossa natureza humana, nossa psicologia, nossa psique ou alma, que torna o Homem supremo entre todas as criaturas, o único que parte para tomar posse do mundo em que está e moldá-lo de acordo com as suas necessidades, contudo, mais importante, para ser guiado, pelo espírito da invenção, para além da mera satisfação daquelas necessidades que, nos tempos de Platão, eram a maravilha da "civilização", a complexa unidade funcional da cidade-Estado; "Atenas", com sua dedicação à ordem, à produtividade, à democracia e ao estado de direito, à ciência, às artes da escultura e da arquitetura, à poesia, à música, ao teatro, à dança, aos jogos e ao tipo de atividade mental representado pelas escolas de investigação filosófica das quais a Academia de Platão é apenas uma.

O que Protágoras identifica como o irritante na natureza humana que cria a pérola é a nossa conturbação essencial, nossa *in*satisfação, nosso *desas*sossego, uma *falta* em nós que precisa ser continuamente preenchida. Mas esse "continuamente" é também o motivo, no caso do indivíduo, de uma incapacitação espiritual que é papel da filosofia e das escolas atenienses rivais, com seus diferentes métodos, de curar.

Voltarei às escolas filosóficas e às suas versões da "cura pela fala" daqui a pouco. Agora, quero atentar a outra história da criação, uma que surge do outro lado da nossa herança cultural, a judaico-cristã, embora esta também, assim como a versão de Epimeteu, não seja a tradicional. Ela aparece, no século XVII, no poema "The Pulley" [A roldana], do poeta religioso George Herbert:

> When God at first made man,
> Having a glass of blessings standing by;
> "Let us" (said He) "pour on him all we can:

O QUE É A FELICIDADE?

Let the world's riches, which dispersèd lie,
    Contract into a span."

So strength first made a way;
Then beauty flowed, then wisdom, honour, pleasure;
When almost all was out, God made a stay,
Perceiving that alone of all His treasure
    Rest in the bottom lay.

"For if I should" (said He)
"Bestow this jewel also on my creature,
He would adore my gifts instead of me,
And rest in Nature, not the God of Nature:
    So both should losers be.

"Yet let him keep the rest,
But keep them with repining restlessness:
Let him be rich and weary, that at least,
If goodness lead him not, yet weariness
    May toss him to my breast."*

....

* Tradução livre: Quando Deus fez o homem no princípio, / Tendo um cálice de bênçãos a seu lado; / "Derramemos" (disse Ele) "sobre ele tudo o que pudermos: / Permitamos que as riquezas do mundo, dispersadas, / Se contraiam num palmo". E assim a força abriu caminho primeiro, / E então a beleza fluiu, e a sabedoria, a honra, e o prazer; / Quando quase tudo estava concedido, Deus se deteve / Ao perceber que, isolado de todo o Seu tesouro, / O sossego no fundo estava. // "Pois se eu" (disse Ele) / "Concedesse essa joia também à minha criatura / Ela adoraria a meus dons, e não a mim, / E o sossego na Natureza, não no Deus da Natureza / Tanto que ambos se perderiam. // "Contudo, que ela fique com o resto, / Mas fique com eles com desassossego queixoso: / Que ela seja rica e enfastiada para que, ao menos, / Se a bondade não a guiar, que o fastio / Possa lançá-la em meus braços." (N. do T.)

Aqui, assim como na história de Epimeteu, o Criador tem dons a distribuir, mas decide, deliberadamente, negar o último deles. O homem, ele nos diz com um belo jogo de palavras em inglês, pode ficar com o resto [*rest*, em inglês], mas o dom do "sossego" [também *rest*, em inglês] propriamente dito – paz, contentamento, satisfação suprema – lhe será negado. O desassossego será sua condição até que ele encontre descanso no Senhor.

Embora essas interpretações da natureza do homem, sobre onde, como seres humanos, nos encontramos nas transbordantes hierarquias da criação, pertençam a culturas – grega e cristã – muitas vezes consideradas opostas e antagônicas, elas concordam no seguinte ponto: a característica que nos define é a agitação, o desassossego.

Na versão clássica, essa agitação é a fonte de tudo o que é produtivo na nossa vida e é muito positiva nesse aspecto. Por outro lado, contudo, ela pode ser uma fonte de ansiedade profundamente prejudicial. Nesse sentido, é uma doença que precisa ser curada. A cura é a filosofia, um longo caminho de estudos, discussão, análise, perguntas e respostas, por meio do qual o indivíduo, ao aprender a distinguir os desejos e medos reais dos irreais, liberta-se da azáfama de um mundo que está continuamente pressionando em direção à novidade, à quantidade, liberta-se do compromisso, do apego, da dependência, em suma, daquilo que, como vimos em Montaigne, por ser externo, nos afasta da suficiência do eu.

Essa cura é muito diferente daquela que Herbert nos apresenta, que consiste na renúncia ao eu e na submissão absoluta à Vontade Divina. O homem abandona a sua tendência natural à desobediência deliberada e à dedicação a um mundo falido, e volta a se tornar, simplesmente, filho do Pai severo e amoroso:

> Throw away Thy rod,
> Throw away Thy wrath:
>   O my God
> Take the gentle path.
>
> For my heart's desire
> Unto Thine is bent:
>   I aspire
> To a full consent.*

Encontramos uma versão ainda mais dramática do mesmo ato de submissão em outro poema de Herbert, "The Collar" [O colar], em que o movimento, nos cerca de

---

* Tradução livre: Desfazei-vos de Vossa punição, / Desfazei-vos de Vossa ira: / Ó meu Deus / Escolha o caminho gentil. // Pois o desejo de meu coração / Ao Vosso está voltado: / Eu aspiro / A um consentimento pleno. (N. do T.)

trinta versos de monólogo quase histérico, vai da raiva incontrolável ("choler", cólera) de:

> I struck the board, and cried, "No more.
> I will abroad.
> What? Shall I ever sign and pine?
> My lines and life are free; free as the road,
> Loose as the wind, as large as store (…)*

a:

> But as I raved and grew more fierce and wild
> At every word,
> Me thoughts I heard one calling, *Child!*
> And I replied, *My Lord.***

A cura cristã para a agitação, como o poema mostra, surge em um segundo. A alma é pega de surpresa, por um lampejo súbito de iluminação, numa submissão espontânea da consciência individual diante da finalidade da fé.

O extraordinário, quando chegamos ao presente, é a inversão que ocorreu na nossa noção de "agitação"

....
* Tradução livre: Golpeei a tábua e gritei: / "Não mais / Sairei. / Quê? Devo suspirar e lamentar? / Meus versos e minha vida são livres; livres como a estrada, / Livres como o vento, grandes como o depósito. (N. do T.)

** Tradução livre: Mas, conforme delirava e ficava mais violento e selvagem / A cada palavra, / Pensei ouvir uma voz chamando: *Filho!* / E respondi: *Meu Senhor.* (N. do T.)

num século de iPods, celulares, aparelhos multifuncionais; do YouTube, do Facebook, do Twitter; das manchetes, de canais de notícias 24 horas, videoclipes na internet; e do estímulo dos sentidos a cada momento, tanto em espaços públicos como privados, por meio de advertências e avisos verbais, das tentações visuais de toda espécie, dos anúncios rotativos nos pontos de ônibus aos monitores de TV nos caixas de supermercado e às telas de plasma nos bares e restaurantes.

Longe de estar no estado existencial de ansiedade que exige cura, a agitação é, por si só, a cura, por um motivo contraditório, mas, ao mesmo tempo, semelhante e convincente: o medo da inatividade, de ficar parado e, acima de tudo, de se abster de toda forma de tagarelice ou barulho num longo e insuportável *silêncio*.

É como se o terror do "eterno silêncio dos espaços infinitos" que apavorava Pascal no século XVII tivesse encontrado sua nova forma na Terra e precisasse, agora, ser exorcizado de todos os elevadores de todos os prédios públicos; de todos os bares e restaurantes (inclusive banheiros); de todos os supermercados, lojas ou salas de espera de todas as cidades, grandes ou pequenas, do mundo civilizado; e até mesmo dos nossos telefones enquanto esperamos que nos atendam. Mas, por outro lado, foi Pascal quem primeiro identificou em nós uma ansiedade ainda mais básica e primitiva.

"Descobri", ele relata, "que todos os males do homem derivam de uma única causa: não conseguimos viver em paz em um *cômodo*." (Pobre do "canto" de Montaigne e dos consolos do retiro dentro do eu.)

Uma pessoa sozinha num cômodo fechado e solitário é nossa imagem para o pavor existencial. Essa vida interna na qual, para Montaigne e os antigos, a liberdade do autocontentamento e da autossuficiência seria procurada e encontrada não é mais escolhida por não ser mais uma opção.

Imagine um político moderno que, ao anunciar sua aposentadoria, dissesse aos jornalistas da mídia numa entrevista coletiva: "Quero passar mais tempo comigo mesmo." Um Montaigne ou um Jefferson poderiam se sair bem com essa, mas um Bill Clinton ou um Tony Blair seriam ridicularizados em todos os noticiários. Precisamos fugir do "nosso cantinho" a todo custo para nos aventurarmos cada vez mais em outros lugares, seja na Lua, seja nas profundezas do espaço; ou então devemos preencher esse nosso cantinho com tantos sons e atividades, reais ou virtuais, quantos forem possíveis ao toque do teclado.

É fácil menosprezar isso como vazio e estúpido; ver na sobrecarga sensorial dessas distrações contemporâneas, como o consumismo ou os quinze minutos de fama que nos foi prometido a todos, um sinal da decadência gerada pela riqueza e pelo fato de que, agora, temos em nossas mãos muito tempo para gastar. Mas há outra possibilidade mais interessante.

É a ideia de que essa é uma nova forma de "ser" na qual o Ego é acessado não como se fazia na Antiguidade (com a contemplação interior greco-romana de autoconhecimento, ou com a meditação oriental, os quais exigem o silêncio e consideram-no uma virtude), mas por meio de uma sobrecarga que equivale, na atividade mental, a modalidades radicais de atividade física que são características de alguns esportes. Sabemos que os altos níveis de endorfina liberados pelo exercício físico intenso produzem a euforia. Talvez o exercício do cérebro, quando lide ativamente com estímulos e respostas rápidas, jogando *videogame* ou fazendo múltiplas tarefas, por exemplo, crie em nós uma onda semelhante de bem-estar, alegria e entusiasmo, uma consciência da nossa forte presença em um mundo veloz e superpovoado com o qual estamos em sintonia intensa e onde uma nova forma de "felicidade" pode ser encontrada.

O que isso sugere é a possibilidade de que a mente – ou, mais precisamente hoje, o cérebro – ainda esteja em evolução, numa velocidade crescente conforme a tecnologia lhe apresenta novas formas para dominar e novos estímulos aos quais responder. Isso significaria que a mente, como Aristóteles a conheceu, e também Montaigne, no estado de mudança lenta que existiu no longo período entre o século IV a.C. e o seu, é muito diferente daquela que uma criança de 5 anos de idade utiliza ao jogar *videogame* nos dias de hoje.

Um dos aspectos da versão de Epimeteu da história da criação é que, nesse relato das coisas, a história do Homem pode não ter fim, estar sempre inacabada. Enquanto formos movidos pelo impulso de atender às nossas necessidades; pela inquieta sensação de que não temos nosso lugar plenamente garantido no mundo, tampouco temos controle sobre seus vários fenômenos naturais; enquanto houver mais a ser descoberto e inventado, mais a desejar e realizar, precisamos continuar nos reinventando. E, com o avanço cada vez mais veloz da tecnologia, a capacidade de agir que possuímos nos permite lidar com o mundo e precisa continuar evoluindo para poder acompanhá-la. Nesse contexto, pode-se considerar que a garantia de felicidade para todos, feita por Jefferson, foi feita para uma geração de pessoas que ainda não tinham alcançado a existência plena, que viam a felicidade como algo que se devia tentar obter, e não como uma dádiva que pudesse ser encontrada facilmente.

O QUE É A FELICIDADE?

Um contemporâneo de Jefferson, o francês Marie Jean Antoine Nicolas de Caritat, Marquês de Condorcet, foi o primeiro a entender a força dessa ideia de "futuridade" e, em 1793, em seu *Ensaio de um quadro histórico dos progressos do espírito humano*, apresentou uma teoria de "História como Progresso". Não há como exagerar a importância dessa obra extraordinária.

Publicada pela primeira vez após a morte de Condorcet, em 1795, ela substituiu o que, até então, era uma ortodoxia: a ideia de que a história era um sistema fechado, um depósito de *exempla*, isto é, de modelos categóricos, acontecimentos e ações de determinado número que se repetiam infinitamente de tempo em tempo, de maneira que, para cada acontecimento supostamente novo, ou grande homem ou "mudança", havia um protótipo ou modelo preexistente. A ideia de progresso de Condorcet foi um daqueles momentos copernicianos em que uma realidade, até então considerada absoluta, muda radicalmente.

Condorcet reflete sobre o progresso do Homem pelos nove estágios, desde as tribos nômades da pré-história até o seu presente, a primeira fase industrial e a instituição, em 1789, da República Francesa. Ele conclui que, "a partir da observação do progresso que a ciência e a civilização fizeram até hoje e da análise da marcha do entendimento humano e do desenvolvimento de suas novas faculdades, a Natureza não definiu limites para nossas esperanças (...). As vantagens que hão de resultar desse estado de evolução (...) podem não ter limites senão a absoluta perfeição da espécie humana".

Essa nova tendência de pensamento geraria outros, e muito rapidamente. A noção de que a história poderia ser progressiva em vez de cíclica, que um acontecimento, um pensamento, um homem específico (como Napoleão) poderia não ter precedente – ou seja, em todo o tempo que conhecemos nunca foi visto nada igual – desviou nossa atenção do passado e a voltou para o futuro. Não precisávamos mais olhar para o passado a fim de interpretar os acontecimentos do presente, tampouco consultá-lo, estudar seus incidentes e modelos para que, quando eles voltassem com nova roupagem, pudéssemos reconhecê-los e identificá-los. Nossa observação precisava ser usada agora de maneira diferente, no desenvolvimento de uma percepção da ocorrência (em vez da recorrência), do desconhecido, do inesperado, do improvável, do inteiramente novo. O tempo passou a ter outra forma e estávamos num ponto diferente de seu desdobramento. A partir do momento em que o futuro tinha sido aberto para nossa visão como a direção à qual nos deveríamos voltar, ele ganhou uma vastidão tão infinita na nossa imaginação, ao menos em perspectiva, quanto o passado imemorável. Toda sorte de ideias novas dependeria dele: a teoria da evolução de Darwin, quando surgiu meio século depois; a noção de vanguarda nas artes, segundo a qual só aquilo que nunca foi feito antes, aquilo que impulsionasse as coisas, aquilo que, tal qual a "Música do Futuro" de Wagner, pertencia ao Progresso e ao Novo, poderia ter um sentido pertinente.

A crença do século XVIII num futuro progressivo, a garantia de um porvir melhor e mais rico, somada à noção crescente, a que já me referi, de que a verdadeira bondade é a que estendemos aos outros (como Condorcet diz na última parte de seu *Ensaio*, "o bem-estar geral da espécie, da sociedade em que se vive"), depende de uma disposição nos homens e mulheres de se devotarem politicamente ao futuro, mas, agora, com um fervor quase religioso, e de viverem de maneira que as futuras gerações possam ser "felizes", mesmo que *eles* próprios não sejam. Esse é o tom que ouvimos, com tanto sofrimento e uma mistura de desalento desesperançado e esperança, nas comédias melancólicas de Chekhov sobre a vida russa na virada do século XX: no médico Astrov, em *Tio Vânia*, e em Vershinin, em *As três irmãs*.

"Será", Astrov pergunta à velha enfermeira Maria, "que aqueles que viverem daqui a cem anos e para quem abrimos caminho hoje irão se lembrar de nós com carinho?" Em um momento posterior da peça, ele retoma a ideia, porém com mais amargura: "As pessoas que vierem cem ou duzentos anos depois de nós, e nos desprezarem por termos levado a vida de maneira tão estúpida e fútil, talvez encontrem uma maneira de ser felizes."

Vershinin não tem dúvida a respeito disso, tampouco sobre o papel que precisa representar para que isso venha a acontecer: "No entanto, sei de uma coisa com certeza que não só é verdadeira, mas também muitíssimo importante – ah, eu adoraria convencer a senhora de que, para nossa geração, não haverá nenhuma felicidade… Só precisamos trabalhar e trabalhar. Toda a felicidade caberá só aos nossos descendentes, aos nossos descendentes mais distantes."

Chekhov é maravilhosamente solidário com esses bons homens, com sua dedicação ardente ao próximo e seu anseio – poderíamos chamar até de nostalgia sentimental – por um futuro que justificaria a sua existência, uma vez que eles não têm como justificá-la no presente, nem para si mesmos. Ele reconhece a dor deles, sua sensação de serem, nas palavras de Dostoiévski, homens insignificantes, supérfluos e desnecessários. No entanto, o ímpeto deles em direção à autonegação e ao autossacrifício o perturba.

O que nos incomoda nessas peças é que o futuro pelo qual esses personagens estão dispostos a sacrificar suas vidas já chegou e passou. Conhecemos muito bem o destino daquela geração futura – Shukhov, por exemplo, em seu campo de trabalho forçado – que haveria de herdar essas "vidas felizes". Por trás da crença otimista de Condorcet no progresso contínuo, ouvimos a proclamação de Mao da "revolução perpétua" e os lemas assassinos da Revolução Cultural; a evocação zombeteira que Trotsky faz sobre "a lata de lixo da história" reservada àqueles que ficassem no caminho da necessidade histórica; e, no outro extremo político, o que foi dito aos jovens idealistas da SS depois do anúncio de Heydrich na Conferência de Wannsee, em 1942, sobre a Solução Final: que, independentemente do custo moral àqueles cujo dever seria exterminar os milhões que não teriam lugar no Reich de Mil Anos, suas futuras gerações reconheceriam o seu sacrifício e, como Astrov diz, lembrariam deles com carinho.

Condorcet era um matemático cuja principal especialidade era a teoria da probabilidade, mas também era um filósofo muito interessado em educação (foi ele quem projetou o sistema educacional que viria a ser adotado na França pós-revolucionária). Ele também era membro da Assembleia Nacional nos melhores tempos da Revolução, um moderado que votou contra a execução do rei. Perseguido pelos jacobinos, escreveu seu *Ensaio* enquanto fugia, e morreu, possivelmente envenenado, em seu esconderijo cinco meses antes do Termidor. Teve grande influência sobre os pensadores, especialmente os poetas, da geração imediatamente seguinte a ele: Wordsworth; Coleridge; De Quincey, que escreveu *Confissões de um comedor de ópio*; James Hogg, o Ettrick Shepherd, que escreveu *The Private Memoirs and Confessions of a Justified Sinner* [Memórias particulares e as confissões de um pecador absolvido]; Novalis e Hölderlin, na Alemanha – ambos nascidos em torno de 1770 –, que, ao chegarem à casa dos 20 anos de idade, acharam que a ideia dele de energia infinita, de mudança e progresso perpétuos, era de particular importância para sua própria onda ascendente do Romantismo revolucionário.

Eles foram a primeira geração, depois da qual houve muitas, a reconhecer a agitação energética como uma condição indispensável para o talento criativo e para cultivar a própria intensidade como uma reafirmação da presença, do ser, embora a intensidade nem sempre seja do tipo feliz e, para os objetivos deles, não precisasse ser. Assim como o Júbilo, o Deleite e o Êxtase, havia também o Terror, que era a fonte do Sublime; e a intensidade também poderia se manifestar às vezes como Melancolia (o que poderíamos chamar de Depressão) ou Fúria. A principal exigência era que ela deveria ser permanente, que as emoções deveriam, em todos os momentos, estar na sua máxima expressão e, quando isso não fosse possível (isto é, quando o corpo caísse no cotidiano), ela precisava ser mantida, como vemos no caso de Coleridge e De Quincey, por meio de drogas. Esse "fino frenesi" ao qual esses poetas aspiravam também podia ser uma forma de loucura.

Para Condorcet, assim como para o Protágoras de Platão da história de Epimeteu, o Homem é conduzido; não há nada em que ele não possa se tornar. A necessidade de descobrir e inventar, refazer e aprimorar é fundamental para ele. Ele precisa buscar a perfeição, custe o que custar. Mais terras precisam ser cultivadas, com maior produtividade por hectare; maior produção, maiores vendas, mais lucros devem ser nossos objetivos; uma população maior para compor a força de trabalho e o número de consumidores, um maior tempo de ensino para as crianças e adolescentes e uma maior expectativa de vida. Somente quando tudo isso, como Condorcet afirma na décima parte de seu *Ensaio*, tiver sido finalmente realizado e a perfeição estiver ao alcance da mão o Homem será feliz.

David Malouf

Não é nenhuma coincidência que Goethe seja quase contemporâneo de Condorcet. Existe algo de faustiano nessa nova versão "moderna" do Homem que é, ao mesmo tempo, o filho feliz do progresso e da ânsia de conhecimento e poder e seu escravo eternamente incansável.

Felicidade na pele

Uma das características mais marcantes do século XXI, no que concerne àquilo que consideramos nossa participação no mundo, é o retorno do corpo como nossa afirmação mais imediata e, em alguns casos, nossa única garantia de presença no mundo rico, tumultuado e repleto de acontecimentos em que vivemos.

O corpo voltou a se tornar natural e essencialmente bom. Está sujeito, claro, à deterioração e, mais tarde, à morte. Porém, para a maioria das pessoas, ele é a fonte do prazer e da felicidade inocente, da alegria na pele e, cada vez mais, de uma forma de adoração num processo que, como vou sugerir mais adiante, substituiu em grande medida o que antigamente seria chamado de Eu. Tudo isso para dizer que, para grande número de pessoas atualmente, o mundo material ou físico é mais importante que a vida interior. O corpo é o que mais as representa, mesmo para elas mesmas. Se não o vemos mais como algo decaído e corrompido é porque não vemos mais a natureza desse modo, e ele pertence à natureza.

Essa é uma visão do corpo ao mesmo tempo nova e antiquíssima. Tem raízes na parte de nossa cultura que deriva do mundo clássico e é uma das coisas que foram ressuscitadas e restituídas a nós com o que chamamos de Renascimento.

Para os gregos e romanos, o corpo humano era um corpo animal. Obviamente, a humanidade, por ser dotada de razão, da fala e da capacidade de inventar, produzir e criar uma organização social das mais complexas, destaca-se no topo da cadeia animal; mas, em outras visões de mundo – no hinduísmo e no budismo, por exemplo –, a separação entre as espécies não era absoluta. Na mitologia clássica, mulheres podiam ser transformadas, de acordo com a vontade dos deuses, em pássaros, como Filomela em rouxinol; ou em árvores ou plantas, como Dafne em loureiro, Siringe em caniço, Clítica em girassol; ou mesmo em um urso, como ocorreu com Calisto. Zeus, em seu papel de amante, poderia assumir a forma de águia, touro ou cisne; após a morte, jovens rapazes voltaram como flores (Jacinto, Narciso) ou transformaram-se em constelações, como os gêmeos Castor e Pólux.

Essa fluidez de formas é o que dá vida ao livro de "mudanças" de Ovídio, *Metamorfoses*. Por meio de suas palavras, na forma de um virtuoso ato sintático e imagético, ele mostra o surgimento de uma vida a partir de outra, a fusão, diante de nossos olhos, da sinuosidade feminina no fluxo da água, a partição do galho em ramos e folhas, de maneira tão verdadeiramente convincente que as faz parecer "reais", e, se os homens e mulheres comuns não acreditavam nelas como *fato* – a fé, no sentido que temos dessa palavra, não era necessária –, eles as reconheciam como "fábulas" reveladoras de verdades maiores e mais amplas: toda a criação estava ligada e possuía a mesma energia vital, era parte de uma continuidade; o mundo, *este* mundo, era completo e "bom"; os animais, incluindo os seres humanos, eram inocentes; os prazeres do corpo também eram inocentes, uma fonte de felicidade e conforto; o prazer carnal era uma dádiva dos deuses que precisava ser celebrada e cuja celebração, nos jogos, na dança, na comida, na bebida e no sexo, era a maneira de demonstrar gratidão por essa dádiva.

O que os moralistas clássicos recomendavam era moderação, como uma garantia do equilíbrio psicológico e da boa saúde; *nec nimis* (nada em excesso) é a frase que Horácio, com seu dom supremo para formulações concisas e memoráveis, nos transmitiu. No entanto, eles não consideravam o prazer carnal pecaminoso ou motivo de vergonha.

O corpo não era sagrado, um templo – como posteriormente a Igreja viria a chamá-lo – a ser preservado do uso profano; ele era feito para ser usado, isto é, desfrutado. Se a vida sexual envolvia sofrimentos ou males, isso nada tinha que ver com a propensão ao pecado da carne, mas sim com fatores psicológicos como ciúme, perda de autoestima e autocontrole, dor da rejeição ou da traição e raiva condenatória causada por elas – todos são consequências da guerra entre os sexos, como Catulo e outros a relatam, escrevendo a partir das próprias zonas de batalha e conflitos, com relatos pessoais de triunfo ou de humilhação e derrota.

O prazer carnal, que envolve e interessa a todos nós, é um dos principais temas da escritura clássica, desde Safo e dos poetas da antologia grega até uma longa linhagem de poetas latinos: Catulo, Horácio, Propércio, Ovídio. Ovídio, em particular, tem uma sensibilidade tão "moderna" e atemporal que é uma voz ativa em todos os períodos desde Ronsard e Donne até Frank O'Hara, atualmente.

Seu *Ars Amatoria*, um ensaio indecoroso sobre o exibicionismo juvenil e a busca pela aventura sexual na cidade grande, é a obra de um jovem urbano (uma *persona*, na realidade, pois, quando a escreveu, Ovídio tinha quase 50 anos) que sente prazer em todas as formas de comportamentos obscuros, rejeita todas as carreiras respeitáveis que pudessem estar ao alcance de um romano de sua classe e, como um sedutor oportunista, amante esporádico, herói não do campo de batalha nem dos tribunais, mas do quarto e da cama, devota toda a sua vasta energia e interesse aos prazeres da carne.

Essa é a obra clássica a que poetas e escritores em toda a Europa do século XVI retornam com a mudança de seu roteiro e de sua palavra de ordem para uma forma de vida mais livre, bem como para a redescoberta do corpo como um novo mundo de prazer e felicidade.

O italiano Pietro Aretino compôs uma série de sonetos, os *Sonetti Lussuriosi* [Sonetos lascivos], que rompe com a tradição petrarquiana do amor idealizado em poemas que são franca e provocadoramente carnais, guiados a um ponto que, até hoje, parece próximo dos limites do permissível.

Na França, Rabelais estabelece na sua Abadia de Thelema, uma paródia de ordem religiosa cuja única lei é *Fay çe que vouldras* (Faze o que tu queres), uma instituição devotada à quebra de todos os tabus e à restauração da carne como fonte de frenesi furioso, mas inofensivo e alegre.

Meio século depois, Ovídio volta a ser o modelo da postura e da voz adotadas por John Donne para afrontar a convenção, desafiar a autoridade e assumir seu lugar no mundo como nada mais nada menos do que poeta e amante. A luta pelo ofício – na lei, no exército e no tribunal – ele deixa aos que chama, em tom de desprezo, de "country ants" [formigas rústicas]. Um dos primeiros membros de sua Geração do Eu, ele declama uma grandiosa rejeição de todos os laços sociais, todos os laços à nação ou à política, em favor de uma comunidade composta apenas por sua amante e ele: "She is all States, and all Princes I, Nothing else is" [Ela é todos os reinos; todos os príncipes, eu; Nada mais é]. Ele desafia até mesmo a centralidade do sol (conceito científico relativamente recente à época), que ele agora subordina a seu universo e a seu uso particular:

> Thou, Sun, art half as happy as we,
>   In that the world's contracted thus (…)
> Shine here to us, and thou art everywhere;
> This bed thy centre is, these walls, thy sphere.*

Sua celebração do corpo da amante é livre, feliz, inteiramente desprovida de vergonha ou culpa, e expressa-se numa língua tão ativa e sensual que não apenas reproduz, no nível da linguagem, sua própria energia e excitação, mas também busca transmitir-nos essa energia, com seus ritmos cinéticos, à medida que lemos:

....
* Tradução livre: Tu, sol, terás metade de nossa felicidade / Caso o mundo se contraia assim (…) / Brilhas em nós? e estás em todo canto; / Este leito teu centro é; estes muros, tua esfera. (N. do T.)

O QUE É A FELICIDADE?

Licence my roving hands, and let them go
Behind, before, above, between, below (...)
Oh my America, my new found land.*

O corpo sempre foi uma fonte de prazer da forma como Donne a expressa e, se houve pessoas, durante o longo período em que o Cristianismo e seus ensinamentos dominaram a Europa, para quem esse era um prazer cheio de culpa, vergonha e até mesmo degradação, deve ter havido muitos, por outro lado, que não pensavam nada desse tipo; pensavam, na verdade, o mesmo que Donne e se mantinham calados em relação a isso. O prazer sexual é extremamente fisiológico para ser ignorado. Esses céticos ou hereges enrustidos devem ter julgado que os Padres da Igreja deveriam estar errados em relação ao corpo e que seus párocos ou estavam igualmente errados, ou eram mentirosos, ou, ainda, que eles próprios estavam de algum modo perdidos, mas felizes – ou perdidos e encontrados.

Sem dúvida houve momentos e lugares, como entre os cátaros, por exemplo, no sudoeste da França no século XIII, onde não se podem controlar a energia sexual

....

* Tradução livre: Deixa que minha mão errante adentre / atrás, na frente, em cima, embaixo, entre. / Minha América! Minha terra à vista. (N. do T.)

e sua livre expressão, o que originou uma revolta. E, claro, houve outras partes do mundo igualmente religiosas onde a energia sexual e sua alegre expressão não eram incompatíveis com a noção de sagrado nem com a prática da fé. Os templos da Índia, com suas fachadas exuberantes em que figuras esculpidas regozijam-se em posições voluptuosas e em encontros sexuais de toda espécie, são monumentos da sacralidade da carne e de situações de união entre carne e espírito.

A livre expressão da felicidade sexual num poema, em palavras, é uma coisa. A pintura e o retrato da alegria sensual na pintura, apesar da famosa frase de Horácio que afirma que a poesia e a pintura são artes relacionadas, são algo completamente diferente.

Embora seja plana e bidimensional, a pintura leva a visão a distinguir uma terceira dimensão, criando profundidade e distância onde não há, dando a um braço ou a uma perna desnuda um formato arredondado que não tem, mas também uma suavidade, considerando-se que a visão não é o único sentido que a pintura agrada e com o qual brinca. Objetos que se destacam na superfície plana de uma tela ou de uma parede de gesso têm texturas que podemos sentir nos dedos ao estender os braços. A pele, assim como o sangue que lhe dá cor, tem um calor palpável, mas a sombra que ela lança é fria. Nenhum pintor controla melhor esses efeitos ou os emprega com maior riqueza de detalhes que o artista flamengo Peter Paul Rubens.

Contemporâneo de Donne, Rubens – já, aos 60 anos, um homem de idade para os padrões da época (Shakespeare faleceu aos 52) – começa a pintar sua segunda esposa, Helena Fourment. Mesmo no nosso século, o quadro tem o poder de chocar.

Flagrada nua e descalça num quarto com tapetes e almofadas carmesins a seus pés, ela apanhou uma capa de pele negra com um bordado dourado para cobrir o corpo, mas esse ato impulsivo serve apenas para ressaltar a sua nudez: com os pés, as pernas e os ombros à mostra, a capa encobre apenas as costas e da cintura às coxas, de modo que ela precisa usar os braços para, constrangida, cobrir os seios apenas parcialmente. Ela parece mais jovem que seus 24 anos. Talvez Rubens estivesse pensando em como ela era quando se casou, aos 16 anos de idade.

É um momento íntimo, um momento doméstico depois do anoitecer que era privado apenas para seu marido, ou ao menos assim deveria ser. No entanto, ele o pinta para expressar e revelar (mas a quem? – resta a dúvida) a imensa alegria que sente ao lado dela: o

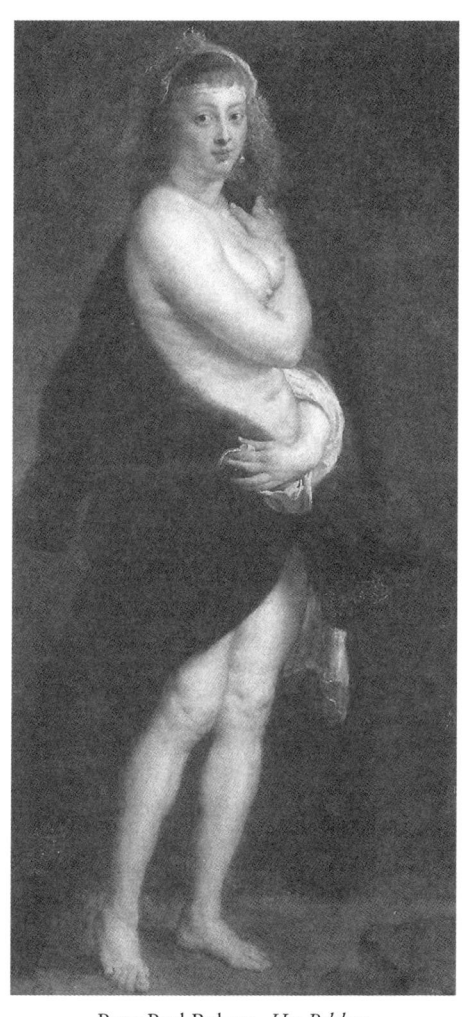

Peter Paul Rubens, *Het Pelsken*
(*Helena Fourment envolvida em peles*), c. década de
1630, Museu Kunst-historisches, Viena.

seu ser, sua juventude, sua beleza radiante, sua pele; e para confessar (mais uma vez: a quem?) a felicidade deles em sua união carnal. A gratidão que ele sente faz parte da oferta. Ele está mostrando, da maneira mais absoluta que lhe é possível, a pintura, o privilégio que sente por ela ter se entregado a ele.

Tudo isso é tão intenso e particular, sagrado até, que ficamos surpresos de que a pintura esteja ali para ser vista. Sabemos que Rubens a via como um bem pessoal, um registro precioso de sua vida conjugal e íntima; ele nomeia o quadro *Het Pelsken* e, em seu testamento, deixa o quadro para ela.

Mas as pinturas são *feitas* para ser vistas. Há algo nesse quadro que Rubens queria que fosse revelado de tal modo que ficasse perfeitamente claro. É algo que não gira simplesmente em torno da mulher, da menina, de sua esposa, Helena Fourment, da maneira como ele a vê e da reação sensual que ela desperta nele, que está em toda a pintura. É a sua própria felicidade transbordante o que ele deseja mostrar.

Três anos antes, Rembrandt, um contemporâneo mais jovem de Rubens, havia pintado um famoso retrato duplo, se é que podemos chamá-lo assim, dele próprio com sua jovem esposa, Saskia. O quadro, agora exposto na

Rembrandt van Rijn, *O filho pródigo com uma prostituta* (autorretrato com Saskia), c. 1635, Gemäldegalerie, Dresden.

Gemäldegalerie em Dresden, é chamado *O filho pródigo com uma prostituta*.

Rubens e Rembrandt trabalhavam como os pintores do norte da Europa costumavam trabalhar, perto de casa. Não era raro terem o ateliê na própria casa. Conhecemos o interior dessas casas flamengas e holandesas pelas pinturas: fechadas, envoltas pela semiescuridão, mobiliadas com móveis pesados, cheias de objetos de toda sorte – tapetes orientais, peles, sedas bordadas, cetins, couro, armaduras antigas, cântaros lustrosos, jarros de metal – que podem ser vistos, de uma pintura para outra, como decoração de fundo em retratos domésticos e pinturas do cotidiano, ou como acessórios num cenário mitológico.

Também reconhecemos as esposas dos pintores quando a jovem é chamada para deixar o filho de lado por um momento, despir-se e, como indicado, levantar o braço aqui, inclinar o pescoço ali, repousar o peso do corpo sobre o pé direito ou esquerdo, fazer uma pose de Calisto, Andrômeda ou Flora, quando não uma empregada convenientemente próxima e por vezes amante (somente muito tempo depois esposa) assume o papel de Betsabá ou da "mulher no banho".

O mundo em que esses pintores do norte da Europa trabalham está baseado no ambiente domiciliar, mas alterna facilmente entre o doméstico e o teatral, e de momentos contemporâneos ao passado mitológico distante. Com uma essência que lembra o Barroco, os cômodos desarrumados dessas pinturas de interiores, com tantos acessórios à mão, sugerem os "camarins" nos bastidores de um teatro particular onde alguém está sempre se despindo ou se fantasiando.

Por isso, no retrato duplo de Rembrandt, não temos como saber ao certo diante do que estamos. Pode ser a ilustração de uma parábola, a exposição – nesse caso com grande empatia benevolente – da devassidão juvenil, embora esta não seja a mensagem que tiramos de sua alegre exuberância.

O que ele claramente é, qualquer que seja o "tema", é a imagem de um casal, pego aqui num momento privado, mas nem um pouco desconcertado pela nossa intromissão.

Ele, vestido de maneira elaborada como um cavaleiro, com uma espada na cintura e uma pena chamativa no chapéu, olha por sobre o ombro para trás, nos vê e desata a rir. (Com frequência, nessas pinturas nortistas, as pessoas riem abertamente, uma expressão de emoção excessiva, indigna e naturalista que desvia demais do ideal da pintura italiana.)

Ela também, ao notar, talvez pelo acesso de riso dele, que os flagramos, vira-se e encontra nosso olhar; nós a vemos sentada nos joelhos dele. Está acanhada, mas digna. Confiante. Abrindo um sorriso. Eles estão indo para a cama, mas não mostram nenhum sinal de vergonha; ele ergue o copo longo e brinda conosco. No alto, a taça lembra uma lâmpada que ilumina o rosto dela, o pescoço, a corrente de ouro que está usando, o decote pouco profundo em tecido branco sob a gola do vestido, a nívea pena dele, e sua mão esquerda sobre a reluzente saia dobrada dela.

O que o homem, que obviamente é o pintor, parece estar celebrando e nos convidando a testemunhar, visto que aparecemos tão inesperadamente, é um momento de êxtase particular, de felicidade conjugal. Talvez estejam se vestindo para um teatro privado, a encenação de uma fantasia sexual, com preliminares provocantes. Se esse for o caso, ele também está disposto a mostrá-las e compartilhá-las sem embaraço.

O que ele também compartilha conosco é a riqueza cotidiana do mundo, sua multidão de objetos, alguns dos quais são úteis da maneira tradicional, enquanto outros, para além dela, servem de acessórios a serem tomados e ganharem um novo uso e significado no teatro da alegre brincadeira: todos eles – almofadas com franjas, tapete oriental, corrente de ouro, saia de seda, copo, cortina bordada, pena, cabo da espada, pele reluzente – pincelados, uma vez que, afinal, ele é Rembrandt, o pintor, com o máximo apelo possível aos sentidos em suas variadas texturas e no jogo de luz sobre elas, na extrema alegria, seria possível dizer, que ele encontra nisso tudo na qualidade de artista e técnico. Não apenas no momento, e nos dois participantes humanos e naquilo para o que eles estão se preparando, mas no fato de estar no mundo, e em todos esses objetos que ele reproduziu com tanto carinho.

Amsterdam e Antuérpia nesse momento, assim como Veneza décadas antes, eram grandes centros comerciais. Objetos e mercadorias eram importantes. Torná-los visualmente concretos, em pinceladas na tela, é a maneira de o artista trabalhar com aquilo com que os mercadores lidavam no mundo dos negócios: uma noção de materialidade – a textura, o peso e a cor da roupa, da pele ou do metal, mas também de flores exóticas como peônias e tulipas, da plumagem iridescente da perdiz e do pavão e da casca de melões e romãs. Trazer à vida isso tudo na pintura é outra forma daquela mesma energia que vai, em outras áreas, aventurar-se e negociar no Caribe e nas Índias, e pode tornar-se visível no mundo doméstico de um casal, o pintor *en zijn huysvroouw* [e sua esposa] indo para a cama. Parte dessa energia é sexual. É um pequeno passo, como mostra Donne, de aventurar-se "atrás, na frente, em cima, embaixo, entre" a "Minha América! Minha terra recém-descoberta".

O QUE É A FELICIDADE?

Talvez, na pintura, o mais perto que possamos chegar da sensualidade ousada e jovial do poema de Donne seja o retrato extraordinário que Rubens faz de Helena Fourment. O que se busca é um momento de aparição espontânea, que é passageiro demais para a pintura e para o trabalho meticuloso de preparar a tela, fazer um esboço, misturar as tintas e fazer a modelo manter a pose. Aqui, Rubens está reproduzindo o que surpreende seus sentidos no instante em que a imagem dessa mulher passa diante dos seus olhos. O que o quadro antecipa é o *flash* da câmera indiscreta, uma personagem capturada por um lampejo de luz ao sair da escuridão.

Rubens, claro, é o mestre de seu período, o Barroco, da pintura histórica em grande escala que gira em torno do drama, do espetáculo, da ação dinâmica e da energia. Essas vastas obras saíam às dezenas do ateliê de Rubens, cenas bíblicas ou mitológicas, obras alegóricas, eventos contemporâneos – como o ciclo que ele pintou, por exemplo, para Maria de Médici – nos quais, com toda a parafernália, a execução brilhante e o traço "teatral" de Rubens, o político é elevado à condição de mito e dotado de autoridade "divina". Ele pintou esses quadros por encomenda, usando um talento admirável para o movimento dramático, baseando-se na sua memória, que era vasta e enciclopédica, de poses do repertório clássico ou dos mestres italianos modernos que ele poderia, em cada caso, moldar à ocasião específica e brincar com elas de maneira que lembrassem o passado e, com ele, sua própria continuidade criativa, e, ao mesmo tempo, mostrassem sua ousadia e originalidade pessoal. Além disso, no que dizia respeito aos detalhes de fundo convincentes para esse ou aquele período, o bíblico, ou o mundo clássico da Grécia ou de Roma, ele podia contar com a precisão de sua memória enciclopédica.

Ajudantes habilidosos executavam o que Rubens havia projetado e ele acrescentava os toques finais: o ajuste da pose, uma mistura de cores em que nenhum assistente ousaria pensar, pinceladas individuais. Seu talento era essencial para essas obras, mas resta a dúvida do quão "autênticas" elas são, quanto delas vem dele. O olho e a mente são dele, mas a mão não. É por isso que damos tanto valor aos esboços geniais, que são tão cheios da energia da concepção imediata e possuem uma ousadia tão característica em suas linhas e camadas (como execuções, são pequenas, mas já são gigantes em sua força dinâmica, na abrangência do que já imaginaram), mas também nas paisagens da última fase, pelas quais sabemos que ele tinha um apreço especial, e nas imagens domésticas de Helena e de seus filhos (o último dos quais, uma menina, nasceu oito meses depois da morte de Rubens).

O QUE É A FELICIDADE?

O que torna um trabalho "particular" como *Het Pelsken* tão precioso, e raro nessa última fase da carreira de Rubens, é que sabemos que é a sua mão e a energia do seu corpo e da sua mente que produzem cada pincelada. A pintura é o produto não apenas de sua visão, de sua capacidade de composição, mas também de sua *presença*, como conhecemos o homem em si de outras ocasiões mais públicas.

Wordsworth definiu o fazer da poesia como a "emoção recordada na tranquilidade". O poeta faz com que a emoção que ele cria seja real para nós *agora*, mas para ele essa emoção pertence à experiência que tem de ser buscada no passado e recordada. O que ele precisa para a criação dela agora é um momento de silêncio, quando pode manter-se calmo e, através da reflexão, reviver o que sentia em palavras.

Het Pelsken não é nada disso. A pintura é um ato físico em que a energia do pintor pertence ao momento dinâmico, à velocidade do olhar, à segurança da mão, conforme as pinceladas e a tinta reproduzem o que ele sente no momento propriamente dito. Essa energia é uma forma de prazer. O que ele está compondo diretamente sobre a tela é sua felicidade, e isso, talvez, seja o mais próximo que podemos chegar ao ser de outra pessoa; o mais próximo que podemos chegar – e usamos a expressão em ambos os sentidos – da felicidade em carne e osso.

A maneira como vivemos hoje

Pergunte a qualquer um dos seus amigos ou vizinhos se eles são felizes e é provável que eles respondam que não têm do que reclamar.

O que eles querem dizer é que a boa vida, no conceito das gerações anteriores, foi alcançada. A medicina garante que poucas crianças morrem na infância; que a maioria das doenças infecciosas seja controlada e as mais graves – varíola, peste, tuberculose, poliomielite – estejam erradicadas na maior parte do mundo; que, exceto por algumas poucas regiões da África, a fome não esteja mais entre nós; que, em sociedades avançadas como a nossa, sejamos amparados, do nascimento até a morte, pelo Estado.

Nós reclamamos, claro, mas nossas reclamações são triviais, quase rituais. Nossos políticos não têm visão, as taxas de juros são muito altas, o ritmo da vida moderna é demasiado frenético, os jovens não têm noção das responsabilidades, os valores familiares estão em decadência. Ao que parece, a boa vida não é o bastante. Não temos nada do que reclamar, pois estamos "felizes o bastante"; mas não estamos *muito* felizes. Por algum motivo, ainda estamos insatisfeitos, e essa insatisfação, por mais vagamente que a concebamos, é sentida de maneira profunda.

Se forem pressionados, nossos amigos ou vizinhos provavelmente vão nos contar que, agora, estão sofrendo de "estresse"; uma sensação, cuja definição também é vaga, de que, no mundo ao seu redor, como eles o veem e no que concerne à vida deles, nem tudo está bem. No final das contas, eles não se sentem seguros nem protegidos.

Essa insatisfação, essa falta de uma garantia absoluta de segurança, é nossa versão moderna do que Protágoras identificou como "desassossego". Mas o que é que, numa sociedade em que muitas das condições que, no passado, poderiam prejudicar o caminho da felicidade foram eliminadas ou controladas nos deixa tão apreensivos, tão temerosos de que nossas vidas ainda não estejam seguras em nossas mãos, que o futuro para o qual estamos voltados – e essa preocupação com o futuro que, em si, é algo relativamente novo é definitivamente parte disso – possa ser mais sombrio do que pessoas otimistas como Condorcet acreditavam? O mundo como o vemos agora é demasiado grande e as forças dentro dele, que governam nossas vidas, são demasiado distantes e complexas para lutarmos contra elas?

David Malouf

Durante a maior parte da história da humanidade, o mundo que conhecíamos concretamente ia pouco além do ponto a que uma caminhada de uma hora nos levaria, em qualquer direção, de onde morávamos, que, na maioria dos casos, era também onde havíamos nascido.

Somente os ricos, que podiam ter uma propriedade rural além de uma casa na cidade, viajavam mais: em torno de doze horas ou mais em cima do lombo de um cavalo e, mais tarde, de carruagem. Ou magistrados a caminho das sessões trimestrais do tribunal. Ou mascates, ou homens e mulheres em peregrinação, ou soldados e marinheiros que iam ao estrangeiro e voltavam com histórias de "canibais que comem uns aos outros, / dos antropófagos, e de homens cujas cabeças / crescem sob seus ombros".

Para a maioria, o mundo além da visão imediata quase não existia. Se havia motivo de medo, isso se devia a antigas memórias de invasão ou à chegada entre eles, horrenda por ser completamente imprevisível, dos primeiros sintomas da peste.

O espaço, assim como quase tudo, era medido tendo como referencial o corpo humano: "até onde a vista alcança", "um palmo", "cinco braças", "centenas de passos".

O solo, os padrões do clima local, as frutas da estação e as colheitas, o tempo para atirar em pássaros ou caçar javalis, para colher cogumelos ou gravetos – essas eram as condições que tornavam o espaço, assim como o tempo, concebível.

Só em raros momentos na história, quando uma cidade-Estado ou nação conquistava colônias – Roma depois de 100 a.C., Grã-Bretanha, Espanha, França, Portugal, Holanda na Era Moderna –, homens e mulheres comuns passaram a ter a noção de estar ligados a algo maior do que as poucas ruas da cidade ou vila em que cresceram: através de um filho que estava servindo no além-mar, de um vizinho que havia emigrado ou de um contato profissional; ou, nas casas dos mais abastados, pelo que chegava às mesas vindo de lugares que poderiam estar a semanas ou até a meses de distância: tomates, abacaxis, temperos exóticos.

Tudo isso é muito diferente da nossa visão de mundo atual. O trecho do mundo com que lidamos de maneira direta e por onde nos movemos todos os dias (a menos que viajemos diariamente a trabalho) pode não ser maior do que era; mas nossa consciência de onde estamos se expandiu muito.

O lugar onde agora habitamos é o Planeta. Consideramo-nos parte dele e cada um de nós é responsável por ele, mesmo que em pequena medida; é algo muito maior que isso, uma abstração, mas uma abstração que pulsa intensa ao nosso redor: *Die Umwelt*, como diriam os alemães, *L'Ambiente*, em italiano, e, em português, meio ambiente – termo que, até cinquenta anos atrás, teria sido, no seu sentido atual, ininteligível, até mesmo sem sentido, mas que agora está entre os mais comuns da linguagem cotidiana.

Desde que se comprovou, no século XVI, que a Terra não era plana, nós a visualizamos mentalmente, com seus oceanos e continentes bem conhecidos, como "o globo". De eixo levemente inclinado, era nesse formato que estudávamos seus cabos e baías nos globos das salas de aula e o fazíamos girar com as nossas mãos.

Então, no começo da década de 1970, chegou-se a um lugar, bem longe no espaço, de onde ela podia finalmente ser filmada e mostrada a nós, para que pudéssemos estar aqui, no nosso lugar de sempre, na sua superfície, e, ao mesmo tempo, observá-la, pequena, redonda e de aparência solitária, lá em sua vida planetária remota, assim como, por séculos, em toda a sua frieza e distância, observamos um outro corpo celeste: a Lua.

A sensação era estranha. Ali estava ela, absorvida em seu trabalho puramente mecânico de navegar no espaço, e aqui estávamos nós, na verdade em cima dela, mas, ao mesmo tempo, vendo-a afastada de nós, distante e alheia. A partir daquele momento, o universo que existia na nossa consciência assumiu uma forma nova; nossa vida adquiriu novas dimensões. E o planeta também.

Sentimos uma nova forma de admiração pela série de acidentes assombrosos que devem ter ocorrido para criar as cadeias de montanhas apinhadas em seus continentes, produzir a atmosfera exata necessária para permitir uma variedade tão rica de seres minerais, animais e vegetais, as criaturas do mar e as criaturas da terra, uma das quais, também produto de uma série de acidentes, somos *nós*. Nós, com nossas necessidades, capacidades e desejos curiosos, nosso complexo cérebro e sistema nervoso, nossas idiossincrasias, nossos tiques e hábitos pessoais.

Uma das coisas que ficaram subitamente claras, agora que vimos o planeta pequeno e por inteiro, foi o grau em que esse sistema é único e complexo, além de fechado. O fato de que, como criaturas, estamos todos no mesmo barco; de que do ponto de vista do planeta, essa bola de matéria que estava seguindo seu rumo pelo espaço-tempo, podemos ser uma preocupação secundária. Apesar de todos os nossos bilhões e de todas as coisas que fizemos e construímos ao longo dos séculos, éramos invisíveis àquela distância.

Essa experiência fez com que nos sentíssemos pequenos. Aquela era a Terra, que antes parecia tão vasta em nosso conhecimento e exploração adquiridos lentamente, tão próxima em nossa vivência diária de sua luz e escuridão, de seu calor e frio, de suas verdes pradarias e seu céu azul; no entanto, parecia tão pequena e desamparada lá de cima. E tudo ao nosso redor, a que por tanto tempo não demos valor – árvores, nuvens, mares, pássaros, insetos, as cidades em que vivemos, os navios gigantescos, os aviões –, dependia do equilíbrio fortuito que ela havia atingido – quem sabe quando? – e mantido por milhões de anos, mas que, em algum futuro distante, poderia se tornar muito frágil. Essa foi a nova visão.

Quando Kirillov, em *Os demônios*, de Dostoiévski, ponderou sobre a Terra, ele ficou comovido com "uma folhinha verde de bordas amarelas" que era sua garantia de que a vida, assim como a Terra, continuaria sem ele. Agora, ficamos comovidos, com um misto de compaixão e preocupação com o planeta propriamente dito; sua plenitude, a interdependência de suas criaturas, incluindo a menor e mais rara – um sapo de barriga amarela na Amazônia; um rato marsupial –, e a fragilidade de sua perpetuação saudável.

Esse foi o começo de uma nova maneira de sentir. Concentrou-se no pequeno, mas também considerou as coisas em termos globais: o meio ambiente global – padrões climáticos como El Niño e La Niña, gases do efeito estufa, a relação de inúmeras características da Terra com acontecimentos pequenos (o efeito borboleta) e grandes que podem ser registrados a milhares de quilômetros de distância; segurança global, cultura global e, numa era de gerenciamento em grande escala, a economia global com suas forças de mercado, seus acordos de comércio internacional, o FMI, o Banco Mundial –, um poder global com sua própria atmosfera de mistério e autoridade que exige obediência imediata e confiança absoluta. Nos tempos da Crise Financeira Global, no final da primeira década do novo século, a economia global havia se tornado nosso equivalente contemporâneo do que outrora víamos com assombro, e aplacados de maneira ao mesmo tempo temerosa e irremediável, sob o nome de Destino ou Deuses.

O que as escolas clássicas ofereciam a seus adeptos era tirar das suas vidas o que não era controlado, sua vulnerabilidade ao que era "externo", isto é, externo ao Eu: dependência em relação aos outros, medo do Destino ou dos Deuses, medo da morte. A felicidade estava no autocontentamento, na autossuficiência. A única coisa de que nenhuma das escolas duvidava era da importância do Eu como o agente mais puro do ser e sua necessidade de estar protegido das distrações, das tentações e da ocupação dispersiva das coisas.

Não temos tanta certeza. Para nós, o Eu na concepção grega não cabe mais na história que contamos sobre como estamos ligados ao mundo dos fenômenos, sobre como nos vemos e como mostramos o que vemos aos outros. O DNA, a genética e a definição do cérebro, segundo os neurocientistas, mudaram tudo isso. E, como nossa consciência das coisas se estende muito além do alcance físico do corpo, nós nos conscientizamos cada vez mais do corpo e ficamos mais apegados e atentos a ele; cuidamos cada vez mais de sua preservação, de sua forma e de sua aparência; mantemo-nos a par do que a ciência, especialmente a ciência médica, tem a nos dizer sobre suas misteriosas operações. Em uma era em que as mudanças e descobertas tecnológicas que antes poderiam levar séculos agora ocorrem em poucos meses, a maioria de nós viu, ao longo da vida, o que antes demoraria várias gerações para surgir.

Quando me lembro da minha infância, fico surpreso com o fato de o corpo que existia nas décadas de 1930 e 1940 ser muito pouco parecido com o corpo que existe hoje. Eram os anos antes dos antibióticos (penicilina), quando as pessoas ainda podiam morrer por terem furado o dedo num espinho e um grande número de mulheres morria ao dar à luz. Quando uma epidemia como a gripe espanhola era capaz de matar milhões em questão de meses e um único verão de poliomielite, como o de 1947, poderia deixar milhares de crianças e jovens deficientes pelo resto da vida, isso se não morressem imediatamente. Um tempo antes dos transplantes de órgãos, dos aparelhos de diálise, das pontes de safena, da quimioterapia; antes da Pílula. Antes das ressonâncias magnéticas, do exame de Papanicolau, dos ultrassons, das angiografias. Antes das lipoaspirações, dos implantes mamários, do Botox, dos implantes cocleares e da difusão na população de uma devoção rigorosa a todas as variedades de cuidados com o corpo, à medida que ele se tornava uma tela em branco a ser trabalhada, aprimorada e decorada: dietas, pesos e aeróbica, tatuagem, depilação com cera, *piercing*, o fenômeno generalizado entre os adolescentes dos aparelhos ortodônticos, as prateleiras de farmácia abarrotadas com suplementos vitamínicos, proteínas em pó e comprimidos para a manutenção de uma "flora favorável" no intestino.

A imagem ideal do corpo contemporâneo, produto de uma obsessão com o "físico" e com o "tônus", assim como com a vitalidade e a boa saúde, é mostrada nas brilhantes páginas de revistas e comerciais de TV, por meio de supermodelos, heróis do esporte, estrelas de cinema, estrelas de novelas, estrelas pornográficas.

Enfim livre da identificação do prazer sensual com a vergonha e o pecado, o corpo se descobriu feito para o gozo, mas também para ser mostrado. Ele é uma propaganda, tanto para os outros como para nós mesmos, de um eu vago e inimaginável, um produto de maquiagem e transformação, de cuidado disciplinado, que deve ser visto agora como uma conquista tanto moral como física. A um só tempo carnal e inocente, ele se afirma como "atraente" e reafirma seu vigor e sua presença no orgasmo pleno e saudável, um fenômeno que, nos mais de cinquenta anos desde Kinsey e Wilhelm Reich, tornou-se tema de conversas abertas e, como nem todos somos próximos do ideal, de fisioterapia e psicoterapia. Agora o fracasso, seja da imagem ou do desempenho, é a nova vergonha, uma fonte para algumas das novas formas de humilhação e infelicidade e, no extremo, na anorexia e na bulimia, de novas formas de doença.

Essa preocupação com o corpo, embora um fenômeno cultural mais difundido do que nunca, não é exatamente nova. O que pode ser novo é a maneira como reconfiguramos nossa atitude em relação a esse fim. A mortalidade. A morte.

No mundo clássico, a morte do corpo representava a extinção tanto da mente como do corpo, sua dissolução no nada absoluto. Era o medo desse nada que as escolas tinham em mente e desejavam curar quando falavam da morte. A chegada do cristianismo trouxe uma nova solução, a sobrevivência da alma após a morte; mas isso trazia consigo um novo medo mais insidioso, o medo do Julgamento. Com a promessa de uma vida de bem-aventurança eterna após a vida, vinha também a ameaça da expiação eterna.

E agora?

Para a maioria de nós, a iminência da morte ou de morrer não é mais uma preocupação diária e imediata. A maneira como vivemos hoje cuidou para que todo esse lado da vida e do viver fosse mantido cuidadosamente fora das nossas vistas. Morrer não é mais algo que ocorra dentro de casa. Os idosos e os recém-nascidos não morrem mais em casa. Com exceção do horror esporádico de um acidente de carro, a morte é um assunto tratado em unidades de tratamento intensivo, onde aparelhos de suporte à vida piscam e zunem até pararem e ser desligados, o que é seguido pela música ambiente e pelas formalidades discretas do crematório.

Nosso maior medo hoje em dia não é o fim e o vazio da morte, tampouco a agonia de morrer – existem drogas para cuidar disso. É o fato de que a vida pode continuar por muito tempo: até o ponto em que não tenhamos mais controle de nossas faculdades físicas ou mentais e entremos aos poucos num estágio vegetativo, praticamente uma morte em vida, ou "segunda infância e mero esquecimento; sem dentes, sem vista, sem gosto, sem coisa alguma" com que Jacques, em *Como gostais*, termina seu relato de nossa "estranha história movimentada".

Tal estado teria sido raro nos tempos de Shakespeare, quando a expectativa de vida média era de 40 anos; porém, ele imaginou ou observou isso, e ficou impressionado, deixando-nos com essa descrição conclusiva do que é agora, para alguns, um fato aterrorizante e, para o resto de nós, uma possibilidade igualmente assustadora.

Sim, é verdade que temos pouco do que reclamar. Foram feitas leis para melhorar a maioria das condições que teriam nos tornado "infelizes". No entanto, as formalidades que regem nossa vida parecem mais alheias e impessoais em suas formas novas do que nas antigas.

Uma consequência da versão de Epimeteu sobre nossa condição é que a história está sempre inacabada, sempre em processo; infinita porque nossas necessidades são infinitas. Até agora, a tecnologia sempre atendeu a essas necessidades e solucionou todos os problemas que ela pode ter criado no processo; é para isso que serve a tecnologia. Mas ela sempre fará isso?

Agora, a tecnologia tem sua própria força viva e seus próprios fins; o cérebro também está evoluindo, mas não com velocidade suficiente para acompanhar o que a tecnologia, a cada ano, continua colocando em nossas mãos. Ficando entre o Planeta (o Meio Ambiente) de um lado, com suas várias formas de globalização, e, do outro, um cômodo em que, como Pascal descobriu, não conseguimos ficar em paz, tudo o que sentimos é uma profunda sensação de isolamento e intranquilidade.

O Planeta é algo mais remoto e menos fácil de lidar do que a Terra.

A Terra significava colheitas locais e sazonais, uma horta que produzia pão diariamente para pôr na mesa, assim como azeitonas e verduras; era o nascer e o pôr do sol, e ditados populares com alusões ao clima e a fenômenos da natureza: "Uma andorinha não faz verão", "Cada um colhe aquilo que planta", "Depois da tempestade, vem a bonança".

O Planeta é um sistema que nos sustenta, mas que está morrendo e com cuja morte lenta nos preocupamos e pela qual nos sentimos responsáveis – embora, na verdade, ele possa estar preparando mais um de seus grandes desastres, que pode ser fatal para nós e para muitas outras formas de vida, mas, para o planeta, não passaria de outra fase de sua existência fortuita. Assistimos desesperançados ao degelo das calotas polares e das grandes geleiras. Sofremos com a possibilidade do desaparecimento do urso-polar ou com a possibilidade de a Corrente do Golfo não conseguir aquecer a Terra Nova e as Ilhas Britânicas. Vemos a diminuição da floresta amazônica e a rápida expansão dos desertos mundiais. Nós nos preocupamos com a produção de comida e água e com a duplicação da população do planeta em um século, e com o fato de que ela está em via de aumentar, em cinquenta por cento, em ainda menos tempo.

Então, igualmente familiar, mas também novo no papel que agora se sabe que ele representa no comportamento humano, está esse agente interno e cada vez mais misterioso, o Cérebro, que suplantou em grande medida o que Aristóteles ou Montaigne teriam chamado de Mente.

Não consistindo mais em uma massa gelatinosa de "matéria cinzenta", ele se tornou algo vivo, quase animal em sua vida paralela e em suas operações complexas. Suas "áreas", antes tão conhecidas como a "África negra" no século XIX, foram agora completamente mapeadas e podem ser vistas em um monitor. Elas se acendem em cores vivas em resposta a estímulos emocionais, como agressividade ou raiva, ou em resposta a estados psicológicos, como depressão e euforia.

A mente era dócil. Já o cérebro, aparentemente, não o é. Ele segue seu próprio rumo, determinando seus humores, preocupado com suas próprias sinapses elétricas, com o fluxo sanguíneo e com as flutuações de equilíbrio ou desequilíbrio químico ou hormonal, enquanto nós seguimos desajeitada e cegamente à sua mercê, tentando nos manter responsáveis por comportamentos dos quais podemos não ter total controle.

Quanto à economia, essa nova personificação, como falei anteriormente, do Destino ou dos Deuses, esse poder global que governa a vida dos trabalhadores chineses nas fábricas das aldeias, dos mineradores brasileiros, de crianças que trabalham em plantações de cacau na África Ocidental, das profissionais do sexo em Mumbai, dos corretores de imóveis em Connecticut, dos ovinocultores na Escócia ou em Darling Downs, das vozes sem corpo nas empresas de *call center* em Bangalore, dos trabalhadores do setor de hotelaria em Cancun, Veneza ou nas Ilhas Fiji, mantendo-os fatalmente interligados, de maneira misteriosa, por meio de leis que *existem*, segundo as garantias dos especialistas, embora eles não consigam chegar a um acordo de quais leis sejam essas – ela é muito impessoal, muito implacável para que vivamos acostumados a ela, ou mesmo que a entendamos e desafiemos.

Quando estávamos nas mãos dos deuses, tínhamos histórias que humanizavam e aproximavam esses seres distantes. Eles se enfureciam, tomavam partido a nosso favor ou se voltavam violentamente contra nós. Eles se apaixonavam por nós e se comportavam mal. Tinham seus próprios problemas, lutavam uns contra os outros e, assim como nós, às vezes faziam tolices. Mas o interesse deles por nós era pessoal. Eles cuidavam de nós e ficavam preocupados, embora, em momentos de tédio ou veleidade, também pudessem nos atormentar como "meninos cruéis" fazem com as moscas. Nós tivemos nossos meios de obter sua ajuda como intermediários. Sabíamos lidar com eles.

A economia é impessoal. Não tem dimensões controláveis. Não descobrimos uma mitologia para dar conta de seus humores. Nossa única fonte de informações sobre ela, a Mídia e sua multidão de comentadores, nos traz "relatórios" que, no entanto, não nos servem de nada: uma possível quebra no sistema, uma nova crise, a decadência da Grécia, da Irlanda ou de Portugal, como a águia de Júpiter, diante do FMI. Somos mantidos num estado de baixa ansiedade constante, quebrado apenas por deflagrações do alarme.

Sim, temos pouco do que reclamar, mas estamos mais estressados do que nunca, e a segurança parece cada vez mais inalcançável.

As sociedades avançadas e bem governadas em que vivemos atualmente costumam partir do princípio de que a boa vida, que pode, em grande medida, ser sustentada, é pelo menos um passo em direção à vida feliz, uma vez que remove muitas das condições que poderiam agir contra ela. Mas a boa vida e a vida feliz, como sugeri anteriormente, pertencem a campos semânticos separados e, de certa forma, não relacionados à felicidade; uma se refere à fortuna material, que pode ser mensurada objetivamente, enquanto a outra se refere a um estado interior que não pode ser mensurado.

Medir faz parte de nossa natureza. Gostamos de saber a distância que percorremos desde o nosso ponto de partida, assim como a distância que ainda temos por percorrer.

Quando os estatísticos tentam medir o "coeficiente de felicidade" de uma sociedade, quanto por quantos, na verdade é a boa vida que eles estão medindo, com indicadores como igualdade de oportunidades, justiça perante a lei, liberdade civil, segurança civil, estabilidade econômica, emprego, comida e moradia, e, claro, todos esses fatores contribuem para a felicidade individual. (Se são ou não essenciais a ela é outra questão.) O problema é que os estatísticos só conseguem lidar com o que pode ser generalizado e transformado em números.

Mas a felicidade é algo único; cada caso fala por si mesmo. É também subjetivo. Pertence ao mundo sensitivo, do que não pode ser apresentado ou classificado em uma escala porque não pode ser visto. Pertence à vida vista de dentro por uma pessoa única e singular, e nós só temos que considerar por um momento o grau de incoerência, de contradição e de perversidade que é preciso ter para, a despeito de toda a dificuldade, invadir os sentimentos de outro homem, especialmente em relação a si mesmo, e como pode ser impossível, na confusão e na babel lá dentro, para que esse mesmo homem diga: "Eu sou feliz."

Todas as circunstâncias podem estar certas, ou parecer estar certas para alguém de fora. Mas e se, assim como Sônia em *Tio Vânia*, você se sente "comum", essencialmente feio e, por esse ou outros motivos, acredita que seja impossível ser amado? E se você está apaixonado e esse sentimento não é correspondido? E se você não tem, embora saiba e sofra por isso, o único talento que poderia lhe garantir o melhor uso de suas energias e a satisfação de uma vida realizada? Todos esses sentimentos são pessoais e deles pode depender a felicidade de um homem ou de uma mulher, e ninguém mais consegue vê-los.

Quando Protágoras, o sofista do diálogo de Platão, apareceu com aquela que talvez seja a proposição mais conhecida do pensamento clássico grego, "O homem é a medida de todas as coisas", ele estava declarando que a humanidade está no centro do sistema que chamamos Criação e que o Homem, com suas características particulares da razão, do poder da fala, da capacidade de nomear e de construir e reconstruir, é o ponto a partir do qual devemos começar qualquer investigação que possamos empreender sobre as leis do sistema, qualquer exploração em que possamos nos enveredar sobre a natureza do conhecimento e do ser. Mas ele também estava apontando a importância, nas nossas investigações, da relação entre uma coisa e outra, da medida ou, como é mais provável que chamemos, da proporção.

Sempre partimos do corpo e relacionamos tudo a ele. De uma maneira que remete às nossas origens mais primitivas, usamos o corpo para definir a direção, por exemplo, para onde estamos voltados, aonde queremos ir; para medir a distância de um objeto, por exemplo, e a distância que percorremos para nos aproximar dele; para determinar como cada coisa que observamos se relaciona com o nosso ser, o tamanho dessas coisas em comparação ao nosso, se são leves ou pesadas quando tentamos levantá-las ou pesá-las na palma da mão; quanto espaço elas ocupam em relação ao nosso; qual é o cheiro e o gosto delas, como elas são ao toque ou quando as rolamos entre o indicador e o polegar. Referimos todas essas experiências de volta ao corpo para que possamos testar com os nossos sentidos as conclusões a que a observação e o raciocínio nos levaram, e para ver a extensão em que, na nossa compreensão dessas coisas, nossa noção de nós mesmos pode ter sido alterada e expandida.

Era assim que as coisas deviam ter sido em nossas excursões preliminares no mundo, para as quais só tínhamos a nosso favor o corpo como fonte de medida, e ainda temos conosco um resquício de tudo isso.

Hoje em dia, podemos viajar pelo globo a centenas de quilômetros por hora e nos projetar no espaço numa velocidade muitíssimo maior do que essa; porém, em certa medida, ainda somos criaturas com grande peso ósseo, presas pela tração gravitacional da Terra, movendo-nos assim como nossos tataravós, e as centenas de gerações antes deles, a quatrocentos passos por hora, cansativamente.

(Aliás, eu escrevi essa frase da maneira lenta e antiga, à mão. Se tivesse usado um computador, poderia tê-la escrito em um terço, um quarto desse tempo. Mas, como um bom número de escritores, mesmo em pleno século XXI, acredito que o ritmo no qual trabalho à mão, o ritmo em que meu braço e minha mão se movem no ato da escrita, tem o que para mim é uma relação "natural" com a velocidade em que minha mente trabalha, e eu não quero abandonar uma relação que parece tão particularmente minha. Escrever à mão torna o processo da escrita mais lento, tornando possível que o pensamento repense, "entrepense" e deixe aberta a possibilidade de pensar melhor. Isso também tem um efeito na sintaxe, na maneira como uma sentença é formulada.)

A questão não é se nossa mente consegue ou não se acostumar com novas maneiras de ver, com novas tecnologias e realidades que são abstratas ou virtuais, visto que é óbvio que ela consegue, mas se, do ponto de vista emocional e psicológico, somos capazes de nos sentir à vontade num mundo cujas dimensões excederam tanto, em termos do infinitamente grande e do infinitamente pequeno, o que nossos corpos podem ver, o que podemos visualizar ao fazermos uma caminhada ou pegar para pesar na palma da mão, num tempo em que, com um radiotelescópio, podemos perscrutar as mais vastas distâncias do universo e um microscópio de alta resolução nos permite assistir a um parasita da malária invadindo uma célula do corpo humano.

Uma das coisas que os gregos descobriram, já no século V a.C., foi que o corpo humano possuía uma simetria perfeita; todas as suas partes revelam a mesma relação matemática das partes menores com as maiores e destas com o todo; e o que vale para o corpo vale para toda a criação, de plantas e animais, e para a Criação como um todo. Tudo isso, no caso do corpo, está desenhado de maneira clara na imagem do Homem Vitruviano feita por Leonardo da Vinci.

Criado no fim do século XV, mas derivado do mais conhecido escritor sobre arquitetura clássica, o romano Vitrúvio, o desenho mostra um homem nu traçado em cima de outra figura, uma em que está em pé e outra com seus braços para cima e as pernas separadas de maneira a formar um triângulo equilátero dentro de um círculo e de um quadrado. É um estudo de mensuração, de proporção, em que todas as partes menores do corpo – dedos, palmas, pés, entre outras – têm uma relação matemática com as maiores, e as maiores – como a largura dos ombros, por exemplo, que é um quarto da altura do corpo – com o todo. Assim, a palma tem o comprimento de quatro dedos, o comprimento do pé é de quatro palmas, o espaço entre os braços estendidos é igual à altura do homem, que é de vinte e quatro palmas.

Essa simetria no corpo tinha uma importância própria para os gregos; contudo, mais importante ainda do que ela era a relação dessa parte também com o todo, isto é, do corpo – dos nossos corpos – com o todo da criação, cuja simetria reproduzimos e compartilhamos.

O QUE É A FELICIDADE?

Para os gregos, essa harmonia perfeita que eles haviam descoberto, entre o Homem e o mundo em que ele estava, era mística, mas fundada em fatos confirmáveis da matemática.

A Proporção Áurea, como é chamada agora, tornou-se a base das ordens clássicas da arquitetura, mais tarde das catedrais medievais, e ainda é utilizada por pintores, escultores, arquitetos e projetistas de todo tipo até o presente. O corpo ainda é a nossa medida. De certa forma, o que está além do alcance dele, ainda que nossa mente e nossa imaginação possam chegar lá, torna-nos inseguros, ansiosos e sem rumo em um mundo sem dimensões em que perdemos toda a noção de onde o corpo – o corpo *sensorial* que nos encerra – começa ou termina.

O fato é que um homem pode ser feliz mesmo nas piores condições se o mundo em que ele está e com o qual precisa lidar ainda tem o que ele considera dimensões "humanas", isto é, ainda é proporcional ao que seu corpo consegue reconhecer e abranger.

Retorno agora, nessa série de perspectivas em transformação, ao caso extremo de Shukhov, ao fim de um dia em sua vida que Soljenítsin criou para nós de maneira tão instantânea, densa e íntima.

Shukhov não tem motivo algum para ser feliz. As condições de sua vida constituem a mais terrível forma de sofrimento moderno que podemos conceber: um prisioneiro do Estado nos descampados da Sibéria sem direito algum; reduzido a um número num campo; congelando, quase morto de fome e com pouquíssima esperança de ver o fim de sua sentença. Mas, quando olhamos para ele no fim de seu dia, ajeitando-se para dormir e preparando-se para o próximo de seus três mil e seiscentos e cinquenta e três dias de trabalho forçado, ele *está* feliz, e nos fala isso. Apesar de todas as condições que foram criadas, deliberada e oficialmente, para destruir seu entusiasmo e deixá-lo infeliz, ele está "contente", ao passo que muitos de nós que desfrutamos de uma boa vida e deveríamos estar contentes não estamos.

Por mais improvável que pareça, Shukhov é nosso modelo perfeito do homem feliz. E nós entendemos seu estado e acreditamos nele quando ele nos diz que está feliz porque passamos por esse dia com ele.

A ficção, com sua predileção para o que é pequeno e, em outras situações, poderia parecer irrelevante; sua facilidade para nos colocar na pele de outra pessoa e permitir que vivamos uma nova vida lá; sua devoção meticulosa ao que, sem ela, poderia passar despercebido, sem ser visto; seu respeito pela contingência e pelo improvável e estranho; sua disposição para se expor a momentos de desânimo, quase animalescos, e refletir sobre eles uma luz nobre, é capaz de revelar verdades que talvez não encontrássemos sem ela.

Shukhov não é feliz porque encontrou a solução para o problema de "como viver" – a vida que ele leva é provisória demais para isso. Tampouco porque, como teriam dito as escolas clássicas, alcançou o autocontentamento, a autossuficiência. É bem o contrário, na verdade.

O que ele alcança são momentos, breves e intermitentes, de autorrealização, algo muito distinto e mais acessível, mais democrático, podemos dizer, do que o autocontentamento. Mas ele só consegue isso por momentos.

Ele está feliz *agora*, mas quem pode saber o que amanhã ou depois reservam para ele? Ele está feliz *dentro de limites*, e essa pode ser a chave para o que torna a felicidade possível para ele, ou para qualquer um de nós.

Em todo o escopo, tanto no tempo como no espaço, que as formas contemporâneas de conhecimento colocaram ao nosso alcance, o que podemos compreender plenamente, isto é, o que podemos conhecer de maneira sensorial e direta, continua sendo pequeno; e só com aquilo que compreendemos plenamente e com o que nos sentimos à vontade nós nos sentimos seguros.

O que é humano é aquilo com que podemos manter contato. Em termos de espaço, isso significa que é aquilo que está dentro do campo de visão, o que é local, próximo e ao alcance, que é possível tocar.

David Malouf

O que mais nos espanta no nosso mundo contemporâneo, o que nos incomoda e assusta, é a extensão em que as forças que moldam nossa vida não são mais pessoais, não sabem nada sobre nós; e, como nada sabemos sobre elas, não podemos lhes dar um rosto, não podemos encontrar nelas nada que reconheçamos como humano, não conseguimos lidar com elas. Ficamo-nos sentindo criaturas pequenas e impotentes nos tentáculos de um monstro invisível, enorme, mas insubstancial, que não pode ser compreendido ou combatido.

Comparado com isso, a situação de Shukhov, apesar de toda a dificuldade, é inteiramente humana: está sempre dentro dos limites de sua compreensão, mesmo que fora do seu controle, mas ele *pode* lidar com ela.

Ele olha e lida unicamente com as menores unidades de tempo – alguns momentos, um único dia – e um espaço cujos limites podem ser mensurados em passos, de mil a talvez dois mil. Seus adversários têm rostos que ele pode interpretar, idiossincrasias a que ele deve prestar atenção e com as quais precisa aprender a negociar. Mas, dentro de *limites*, ainda que ele não os tenha escolhido, ele pode, momento a momento, um dia de cada vez, fazer com que essa vida dê certo para ele e encontrar não um contentamento e sossego fixos – quem de nós encontra? –, mas sim um tipo de felicidade que ele consegue fazer valer de um dia para o outro.

REAÇÕES

Robert Dessaix

Que caixa de surpresas imprevisível é a palavra "felicidade", um *omnium gatherum* de conceitos complementares que vão do "contentamento" à "alegria". Com uma elegância tranquilizadora e a dose certa de erudição para impressionar – sem intimidar – seus leitores, David Malouf tentou pôr um pouco de ordem no caos. Embora eu não esteja certo de que ele tenha extraído a essência do que entendemos (ou os europeus, em particular, têm entendido ao longo dos séculos) por "felicidade" ou "vida feliz", ele me estimulou a cada passo, como faz um bom ensaísta, a me fazer perguntas embaraçosas acerca de minhas ideias habituais de "felicidade" – acerca de minha própria abordagem de como levar "a vida feliz". Embora preferisse ter deparado com uma peculiaridade argumentativa claramente maloufiana sobre o que é a felicidade, em vez de uma tapeçaria composta pelas ideias dos outros, essa seria uma atitude mesquinha. O acabamento da tapeçaria é perfeito.

O QUE É A FELICIDADE?

O que realmente lhe interessa, diz Malouf, não é como viver se queremos ser felizes, mas por que a felicidade ainda ilude tantos de nós agora que "as principais causas da *in*felicidade humana (...) foram, em grande medida, afastadas de nossa vida". Parece-me que Malouf acredita que isso tem que ver com o fato de termos nos dado conta, afinal, de que estamos sozinhos num vazio infinito, joguetes de algo caprichoso chamado Economia (que ninguém entende), incapazes de nos sentirmos à vontade em qualquer lugar, ligados apenas às aparências. Esse argumento não me convenceu: embora pareça uma explicação razoável do mal-estar ocidental contemporâneo (se é que existe um mal-estar generalizado), Malouf não apresenta nenhuma evidência que sugira que é isso, de fato, que está tornando os ocidentais modernos infelizes (se é que o estão). Não há dúvida de que muitos deles parecem entediados.

É igualmente razoável que pensadores de outras tradições também possam argumentar que, apesar de termos nos libertado dos sofrimentos que afligiam o homem medieval, nós ainda continuamos infelizes porque ainda estamos escravizados ao desejo – na verdade, desejos inflamados de diversos tipos são o próprio motor da economia ocidental moderna. Ou quem sabe a história de Prometeu, analisada de forma tão esclarecedora por Malouf, nos dê a resposta: o mal-estar simplesmente faz parte do ser humano – ou, em termos modernos, a capacidade de ficar insatisfeita faz da humanidade a espécie inventiva e dotada de habilidades tecnológicas que ela precisa ser para sobreviver e evoluir.

Como Malouf ressalta, para a maioria de nós não é tão difícil experimentar momentos de felicidade. Pequenas ondas de prazer marcam a maioria dos nossos dias – e não apenas nas economias avançadas –, e suas fontes são diferentes para cada um de nós. Alguns ficam alegres com uma visita à Harvey Norman*, outros sentem um enorme prazer em assistir a uma montagem de *A traviata* ou de *Em busca da fama*, outros, ainda, sentem-se em paz quando estão acariciando o cachorro junto à lareira, contentes depois de passar o dia cuidando do jardim, profundamente satisfeitos com um bom livro ou em êxtase diante da perspectiva de se satisfazer eroticamente. No entanto, nenhuma dessas coisas faz qualquer um de nós uma pessoa realmente feliz. E aí é que está o problema: momentos prazerosos (como o de Ivan Denisovich ao se lembrar do dia "não obscurecido") não nos fazem pessoas felizes. Estar completa e profundamente feliz – levando uma vida feliz –, que é diferente de estar simplesmente contente ou momentaneamente eufórico, é que repre-

....
* Principal rede de varejo australiana. (N. do T.)

senta o maior problema. Para essa espécie de felicidade, é necessário outro tipo de consciência, uma consciência que esteja subjacente à nossa vida como um todo.

Ao considerar o que pode ser esse tipo de consciência, penso que é fácil confundir os passos iniciais para adquiri-la com a coisa em si. Para alguns, o passo inicial pode ser a solidão do "quartinho de fundo" de Montaigne; para outros, o tumulto das multidões; para alguns, a harmonia perfeita com a divindade. Depende das circunstâncias de cada um. É verdade que, historicamente, nas palavras em inglês (e em alemão e russo) equivalentes a "felicidade" encaixavam-se duas esferas de significado: "sorte" e "prazer", dando-nos um significado que Malouf resume bem como "a condição de ocupar uma boa posição no mundo de contingências e eventualidades... satisfeito com aquilo que a vida lhe deu". Essa espécie de satisfação básica com seu lugar no mundo, embora aparentemente em conflito com o conceito prometeico, pode ser um bom ponto de partida na busca de uma vida feliz, mas pouco mais que isso.

É por isso que a frase que Malouf cita de *One Day in the Life of Ivan Denisovich* [Um dia na vida de Ivan Denisovich] ("O dia transcorrera sem uma única nuvem – quase um dia feliz.") me surpreende como um clímax inadequado para suas ruminações sobre a felicidade. Ele interpreta essa frase sobre "o dia quase feliz" de Shukhov no campo de trabalhos forçados como a confirmação de que a felicidade é possível "dentro de limites". Adaptar-se àquilo que seu mundo torna possível é um bom lugar para começar, mas não pode ser o objetivo de nenhum tipo de "busca pelo contentamento" duradouro. Seja como for, no original russo Shukhov tem simplesmente um instante de "satisfação" ao refletir sobre o dia que passou, um dia descrito como "não obscurecido por nada" (não "sem nuvens", o que implica claridade), "quase feliz" – ou seja, livre de outros sofrimentos –, não como verdadeiramente "feliz". Na verdade, estaria tentado a traduzir *pochti schastlivy den*" como "um dia quase afortunado", em vez de "feliz".

Qualquer que seja o prelúdio para uma vida feliz – sossego, revolta, satisfação, mal-estar –, parece-me que o que caracteriza a felicidade duradoura é a sensação de liberdade. "O quartinho de fundo, só para nós, totalmente independente", escreveu Montaigne. Penso que ele acertou em cheio. Se a liberdade é ou não uma ilusão, isso não importa – na verdade, talvez não tenhamos mais liberdade que o repolho para escolher como crescer. Diferentemente do repolho, porém, podemos nos *sentir* livres – e felicidade é um sentimento.

Do meu ponto de vista, o que é essencial não é aquilo de que nos libertamos (isso dependerá sempre das circunstâncias de cada um), mas aquilo que nos permitimos fazer. Basicamente, acredito que a felicidade seja a consequência de nos libertarmos para ampliar nosso senso de humanidade – para sermos mais intensa, consciente, inventiva e ousadamente humanos ("nós mesmos", se preferirem) – e para sentir prazer com o que surge disso. Quando ouço as pessoas dizerem que se sentem felizes quando estão num *show* de *heavy metal*, ou chapadas, ou conversando com Jesus, ou morando numa cidadezinha da Toscana, ou sozinhas em casa com o gato lendo um bom livro, penso que, na verdade, elas estão falando de uma pista que tiveram daquilo que é para elas a felicidade, de um passo em direção a ela, do começo da busca por ela, não da própria felicidade. A liberdade necessária para sermos profunda e permanentemente felizes exige um autoconhecimento, eu diria mesmo um virtuosismo, que poucos, em qualquer época, alcançaram. Como escreveu André Gide, libertar-se não é nada – difícil é ser livre.

Robert Dessaix é escritor, tradutor, locutor e ensaísta. Seus livros incluem *A Mother's Disgrace* [Vergonha de uma mãe], *Corfu* [Corfu] e as memórias de viagem *Twilight of Love: Travels with Turgenev* [Crepúsculo do amor: viagens com Turguêniev], além de, mais recentemente, *Arabesques: a Tale of Double Lives* [Arabescos: uma história de vidas duplas].

Anne Manne

Em seu belo e inesquecível poema *Metamorfose*, Ovídio menciona uma profecia feita pelo vidente Tirésias sobre o nascimento de Narciso: "Caso ele não venha a se reconhecer, uma longa vida poderá ter debaixo do sol."

Embora se torne um jovem louvado e desejado por sua beleza, Narciso despreza e humilha todos que o cortejam. Uma de suas amantes potenciais, a ninfa Eco, segue-o por toda parte, mas é brutalmente repelida. Rejeitada, "escondendo o rosto envergonhado", "seu amor aumenta com a falta de atenção; seu corpo infeliz definha, insone de tristeza", até que nada "reste exceto sua voz que vive, que vive entre as colinas".

Nêmesis, a mui temida Deusa da Vingança Divina, fica furiosa com a crueldade de Narciso. Ela é quem restaura a ordem certa das coisas, quem pune a arrogância e o orgulho exagerado, aqueles que cometem crimes impunemente.

Ao matar a sede num lago da montanha, Narciso fica enfeitiçado com a beleza de sua própria imagem refletida na água. "Ele ama tudo o que é encantador em si e, tolamente, deseja a si próprio: ele, que aprova, é igualmente aprovado; ele busca, é buscado, se consome e é consumido." "Louco de amor", Narciso não se permite perturbar o lago imaculado que ostenta sua adorada imagem: definha de desgosto e morre de sede. Tudo a que resta do belo jovem é uma flor branca, o narciso.

Em *O que é a felicidade?*, David Malouf questiona a estranha disparidade que existe entre a conquista das condições materiais de vida e nosso estado de inquieto descontentamento, e pergunta por que o contentamento – a felicidade – parece ter nos iludido. Há muito que admirar no ensaio e no caráter humano com que ele se desenvolve, ecoando – supõe-se – o sereno contentamento de seu autor. Suas observações caracterizam-se pela sutileza; as fontes a que ele recorre são satisfatoriamente profundas e os *insights*, estimulantes.

O estilo é tão atraente que parece quase uma grosseria reclamar. No entanto, é meu dever discordar, pois as observações de Malouf permanecem discrepantes e, apesar do belo fraseado, a argumentação continua imprecisa e redundante. Consequentemente, o que nos resta são fragmentos torturantes de *insight* onde esperaríamos encontrar uma conclusão.

Embora intua muitos dos aspectos superficiais dos descontentamentos contemporâneos, Malouf não consegue chegar à cultura que sustenta nosso mal-estar nem à sua arquitetura psicológica. Portanto, onde podemos encontrar uma estrutura conceitual coerente que compreenda os *insights* incompletos do esboço admiravelmente escrito por Malouf, mas que, no final, é insatisfatório?

Estranhamente, ela está bem ali na fonte clássica a que Malouf se volta. Embora analise o poema de Ovídio, ele interpreta de maneira inteiramente equivocada a descrição do mito decisivo de Narciso e a compreensão que ele pode trazer do mal-estar contemporâneo. O problema subjacente que impede a "busca da felicidade", que sabota a "procura pelo contentamento" encontra-se na cultura contemporânea do narcisismo.

A língua é importante. Não surpreende que um romancista da qualidade de Malouf tenha um ouvido apurado para as entonações, as texturas e os significados incrustados na linguagem. Ele se volta para as fontes clássicas, incluindo os gregos, para explicar nossa procura pela felicidade. E, de fato, a palavra grega *eudemonia*, em uma tradução aproximada, significa felicidade. Porém, como advertiu Wittgenstein, devemos estar atentos à maneira como a linguagem "se relaciona com um modo de vida" e está incrustada nos "tipos de vida e de práticas" dos quais deriva. Por isso ela não pode ser retirada das "atividades dentro das quais está incorporada" sem que perca significado. Remover uma palavra de seu contexto cultural é como ouvir somente a nota melódica principal de um acorde musical. Embora, numa interpretação superficial, a nota melódica principal possa ser felicidade, o acorde completo mais rico de *eudemonia* evoca alusões às virtudes: coragem, justiça, moderação, disciplina e uma vida ponderada. Uma vida como a de Sócrates, que estava disposto a beber cicuta e morrer, pois vale a pena morrer pela verdade. Ou, como deu a entender Platão, a vida boa é aquela em que é melhor suportar o mal do que praticá-lo. Para os gregos, então, a *eudemonia* toca essas notas mais profundas, em que a felicidade da prosperidade humana está inextricavelmente ligada à prática das virtudes ao longo da vida.

Alguns dos trechos mais fascinantes do ensaio encontram-se na análise que ele faz das pinturas de Rembrandt e de Rubens e do célebre poema de amor de Donne. O relato sensível de Malouf revela o tipo de felicidade que é possível quando a sensualidade e o amor estão unidos, sem estarem distorcidos pela vergonha cristã do corpo. A atração que essas passagens despertam vem do fato de que cada uma das obras se concentra numa intimidade sexual em que o Outro está presente de maneira plena e alegre, enquanto o amor e o desejo se movem entre eles. A glória não está no Eu, está no Outro. Suas faces transmitem tanta paz! A confiança cria o desprendimento que libera a possibilidade de Eros. O espaço entre os dois está absolutamente vivo. Malouf justapõe as visões de felicidade descritas aqui – deliciosa, erótica, alegre – à repressão sexual rígida e obcecada pela vergonha do cristianismo.

No entanto, esse olhar para o passado, para outra época, em vez de examinar nosso próprio mundo, esconde o fato de que os problemas que nós encaramos são muito diferentes. Ao analisar o *nosso* tempo, teria sido melhor que Malouf examinasse o poderoso e inesquecível quadro de Narciso pintado por Caravaggio. Não existe nenhum Outro. Uma figura solitária é iluminada contra um fundo escuro, e olha com tal intensidade e desejo para sua própria imagem que tudo o mais deixa de existir e se dissolve na escuridão, eliminado do olhar. Só existe Narciso e o lago no qual sua melancólica imagem flutua.

Pois o tipo de ligação que Malouf proclama estar no centro da felicidade humana é exatamente nosso ponto mais fraco, em que nossas expectativas estão mais distantes de nossos desejos. Temos números recordes de dissolução familiar, fobia de compromisso, o crescimento da solidão e de seu séquito sombrio – a depressão, a ansiedade e até mesmo o suicídio. Os relacionamentos humanos mais profundos tendem a ser transformados em mercadoria e a ser esvaziados de sentido. Se existe algo que tem que ver com a felicidade, certamente é o sentido; e, na esteira dessas transformações, houve, para um grande número de pessoas, justamente um colapso disso, com toda a ansiedade e angústia que acompanham a insustentável leveza do ser da pós-modernidade.

O historiador Eric Hobsbawm afirma que, por volta do final dos anos 1960, ocorreu "o triunfo do indivíduo sobre a sociedade", um "individualismo egoísta levado ao extremo [...]. Admitia-se tacitamente que o mundo agora era composto de vários bilhões de seres humanos, definidos pela procura do desejo individual".

Dito de outra forma, essa também é a conclusão de um importante psicanalista contemporâneo, Peter Fonagy. "Nos últimos anos", ele observa, "as questões relacionadas ao narcisismo passaram a ocupar o centro das atenções." Num pensador, sempre é importante entender *contra* o que ele age. Malouf parece muito mais interessado no obstáculo à felicidade tal como existia na época de Freud, quando o principal problema era a repressão sexual. No entanto, faz tempo que as histerias oriundas da repressão sexual deram lugar a problemas muito diferentes, a doenças do ego como o narcisismo. O amor se volta para dentro; para um grande número de pessoas, o Outro não existe.

Reações

O narcisismo caracteriza-se por um arrogante senso de privilégio, manipulação, hipercompetitividade, falta de empatia, raiva violenta diante de contrariedades, incapacidade de amar ou de manter relacionamentos; e de grandiosidade, um senso de superioridade corroborado por nossa "singularidade", que nos dá direito aos privilégios. Tudo que for bom para o eu *é* bom. Isso é autodestrutivo e destrói os outros, exatamente como no mito de Narciso.

Embora Christopher Lasch tenha escrito *The Culture of Narcissism* [A cultura do narcisismo] em 1979, o problema ficou muito, muito pior desde então. Em 2009, quando Jean Twenge e W. Keith Campbell escreveram *The Narcissism Epidemic* [A epidemia narcísica], vários dos exemplos de Lasch pareceram prosaicos. E agora o problema está mais disseminado. Exemplos de narcisismo mostram que ele está aumentando constantemente entre os estudantes universitários a cada geração que passa. O título do livro escrito por uma estrela do *reality show* de TV *Bachelorette* é *Better Single than Sorry: a No-Regrets Guide to Loving Yourself and Never Settling* [Melhor solteira do que arrependida: um guia sem remorso para amar a si própria e nunca se casar]. Mesmo os cristãos evangélicos aceitam essa premissa. "Ame a Deus, ame a si próprio, ame os outros, nessa ordem", aconselhava o pastor de uma megaigreja.

Inúmeros problemas contemporâneos têm origem no narcisismo. O horroroso senso de privilégio e a falta de empatia estão evidentes em todas as formas de intimidação, de violência no trânsito e de manifestação raivosa na blogosfera. Estes não são exemplos somente de falta de civilidade, mas também de raiva narcísica. Uma análise recente das canções de sucesso revela como antigamente elas lamentavam a perda de alguém amado, mas hoje se gabam de proezas físicas ou fazem exigências sexuais agressivas.

Também existe uma ligação, que Malouf não percebe, entre o admirável mundo novo da "temporalidade permanente dos relacionamentos", nas palavras do sociólogo Zygmunt Bauman, e o "projeto do corpo". A "ficada" passageira estabelece um competitivo livre mercado de corpos. O eu é profundamente reformado. O historiador Jean Jacobs Brumberg descobriu que, no final do século XIX, as garotas mal faziam referência ao corpo em seus diários. Usava-se uma linguagem edificante para aperfeiçoar o caráter. Em um diário de 1892, por exemplo, encontramos este registro: "Decidido, não falar sobre mim nem meus sentimentos. Pensar antes de falar. Trabalhar com seriedade. Ser contida ao conversar e ao agir. Não permitir que a mente divague. Ser digna. Interessar-me mais pelos outros." Porém, um registro em 1982 revela que o culto do autoaperfeiçoamento reside agora no corpo: "Tentarei me tornar melhor do jeito que for possível, contando com meus recursos e com o dinheiro que ganho tomando conta de crianças, vou perder peso, comprar lentes novas, já fiz outro corte de cabelo, maquiagem adequada, roupas e acessórios novos."

Cada vez mais, esse novo "eu" vem à luz por meio da cirurgia plástica. Embora Malouf examine a encantadora pintura de Rubens, hoje em dia, qualquer imagem de formas generosas como aquelas faria uma mulher de classe média alta sair correndo atrás de uma lipoaspiração e de uma cirurgia para retirar rugas e pés de galinha. Outrora uma estratégia utilizada pelas estrelas de Hollywood para enfrentar o envelhecimento, os números de tais procedimentos explodiram. Como sempre, é a terra dos "livres" que é a mais exagerada, mas por toda parte a tendência é a mesma. E, o que é mais importante, nesse caso existe a crença sincera de que uma aparência melhor não vai trazer apenas a felicidade, mas um novo eu. Nos onipresentes programas que propõem tratamentos de beleza completos, o novo eu surge do antigo como a borboleta de uma crisálida.

Também não devemos subestimar quão profundamente esse senso do eu "Olhe pra mim!" se transformou, em razão de ele ter-se desenvolvido sob o olhar de nossos iguais – "a grade de audiência de 200 milhões", nas palavras de George Frow – e não dos deuses. Numa das primeiras críticas à celebridade feitas no século XX – *Crepúsculo dos deuses*, de Billy Wilder –, a personagem de Gloria Swanson, como todas as narcisistas, acha que é impossível envelhecer. Ela se consola com uma versão em celuloide do lago de ninfas, assistindo obsessivamente, toda noite, a seu personagem mais jovem representar. Quando seu amante/prisioneiro demonstra interesse por outra pessoa, ela atira nele. *Crepúsculo dos deuses*, porém, era uma crítica – e era visto como tal. Agora, a mudança que ocorreu com relação à autoadmiração fez com que ser famoso passasse a ser uma espécie de novo *direito*. Talvez mesmo uma obrigação. Cada vez mais os jovens do Ocidente declaram que ser famoso é o principal objetivo na vida. Uma pesquisa feita com estudantes universitários americanos revelou que ter autoestima e sentir-se bem consigo mesmo é mais importante que qualquer outro valor: boas notas, amizade, amor e até mesmo o sexo. Com os *reality shows* da TV e as redes sociais, esse narcisismo ganhou canais de expressão ilimitados.

Embora teça comentários a respeito do impacto que o "estresse" causa em nossa felicidade, Malouf não faz o suficiente para identificar suas causas. A sociedade narcisista é uma sociedade supercompetitiva; nas palavras de Twenge e Campbell, é uma sociedade em que as pessoas "passam por cima das outras". Nesse contexto, Malouf menciona nossa obediência à "Economia", uma entidade grande demais para ser controlada. No entanto, não é fácil separar nossas dificuldades econômicas – sejam elas globais, nacionais ou individuais – do narcisismo. Ele está por trás dos salários astronômicos dos altos executivos, da atitude egoísta que é a redução de impostos dos super-ricos e da má administração catastrófica do dinheiro das pessoas por parte de Wall Street. Ele é responsável igualmente pelo indivíduo estressado da esforçada e sofrida "família trabalhadora", que precisa dedicar mais horas por família para fazer face ao grave ônus das dívidas. Como Narciso, quase sempre estamos apaixonados por uma ilusão. Quando matamos a sede de algo, logo surge uma "necessidade" para tomar seu lugar.

Quase no final do ensaio, Malouf descreve nossa preocupação com "o Planeta" como algo que aumenta ainda mais nosso estresse. Assim como "a Economia", trata-se de uma ideia por demais ampla para que as pessoas possam dar conta dela. Embora o *insight* contenha algo de verdadeiro, Malouf deveria ter-se aprofundado mais. Recordemos as palavras proféticas de Tirésias quando adverte que, se Narciso não reconhecer quem ele é e o que está fazendo, perecerá. Na forma da mudança climática, o Planeta hoje nos adverte com uma vingança como a de Nêmesis, a sombria e perigosa deusa da harmonia, filha da Justiça, cujas "rédeas inflexíveis" refreiam "as insolências ridículas dos mortais". Porém, também como Narciso, continuamos a olhar fixamente o lago de ninfas, encantados e inebriados por tudo o que vemos ali, aqueles símbolos da boa vida que nos devolvem uma imagem muito maior e mais fascinante do que realmente somos, seres, quem sabe, a caminho da extinção.

Anne Manne é autora de *Motherhood: How Should We Care for Our Children?* [Maternidade: como devemos cuidar de nossos filhos?], finalista do Prêmio Walkley de não ficção, e *So This Is Life: Tales from a Country Childhood* [Quer dizer que a vida é isso: histórias de uma infância no campo].

Robert Lagerberg

Como professor acostumado a ensinar a obra *Um dia na vida de Ivan Denisovich*, de Soljenítsin, é com apreensão que vejo a interpretação que David Malouf faz desse livro, especialmente sua conclusão: "Por mais improvável que pareça, Shukhov é o exemplo perfeito do homem feliz. E nós compreendemos sua situação e acreditamos nele quando diz que é feliz porque vivemos com ele esse dia do começo ao fim."

Malouf nos apresenta Shukhov como a encarnação de um tipo, o sujeito oprimido que, apesar disso, consegue extrair um pouco de felicidade de seu pobre destino – quando não está assolado pela dor ou pela tragédia extremas e quando é abençoado com as dádivas mais insignificantes. Sua "felicidade" é relativa, resultando de pequenas graças – sobreviver mais um dia, correr o risco de ser mandado para a solitária e escapar, lutar por algumas tigelas a mais de comida (se podemos chamar de comida a lavagem repulsiva que lhe dão) e participar de uma reunião de trabalho produtiva e preparatória no canteiro de obra, não obstante a temperatura baixíssima e a precariedade das roupas e do calçado.

Existem várias razões para evitar uma interpretação simplista como essa. O próprio Soljenítsin nunca esperou, de fato, que seu livro fosse publicado sob o regime soviético. Aproveitando a crítica que Khrushchov fizera a Stálin em 1961, ele decidiu, embora temeroso, submeter os originais à revista *Novyi mir*. Contando com muita sorte, o material finalmente chegou às mãos de um editor e, dali, ao próprio Khrushchov, que recomendou sua publicação dizendo: "O livro é uma declaração em defesa da vida. Na verdade, eu diria até que ele traduz a essência do Partido." É claro que o livro não teria sido publicado se o herói tivesse sido retratado, de alguma forma, como subversivo. Embora seja uma pessoa simples, Shukhov é esperto e, até mesmo, afável; ele é camponês e – de propósito, sem dúvida – não é intelectual, diferentemente do principal personagem da mais importante obra sobre a vida nas prisões russas, *The House of the Dead* [*Recordações da casa dos mortos*], de Dostoiévski. Shukhov consegue sobreviver tão bem ao *gulag* justamente por não se fazer as perguntas difíceis. Com uma temática tão explosiva, para ser publicado, *Um dia na vida de Ivan Denisovich* tinha de apresentar uma descrição desapaixonada do próprio dia e concluir com algo parecido a uma declaração positiva.

Reações

Em sua interpretação, Malouf ignora essa forma extremamente básica de ironia – a descrição de condições terríveis desacompanhada de qualquer comentário explícito –, afirmando, impassível, que o herói quase encontrou a felicidade... É claro que a palavra fundamental é "quase": "O dia transcorrera sem uma única nuvem – *quase* um dia feliz." Certamente seria difícil conciliar o autor do cáustico *Gulag Archipelago* [*O arquipélago Gulag*] e suas descrições explícitas dos campos de trabalho forçado de Stálin com o autor desse "dia feliz". Creio que o próprio Soljenítsin teria ficado surpreso em saber que fornecera a Malouf "o exemplo perfeito do homem feliz".

É preciso lembrar tudo aquilo que não é citado explicitamente a respeito dos campos, mas que o livro evocou na mente dos leitores: as convicções falsas e mesquinhas, as sentenças longas e arbitrárias, as caminhadas aterrorizantes até os campos, a crueldade e a morte que havia ali, as pavorosas condições físicas – enfrentar o frio glacial do inverno e os verões escaldantes com roupas inadequadas e uma comida horrível –, o mau cheiro, os piolhos, o perigo representado por criminosos insensíveis, especialmente à noite, o destino das mulheres e, até mesmo, dos bebês...

Malouf também ignora um aspecto importante representado pela distribuição do texto original: o intervalo de uma linha separa os dois parágrafos curtos do final do livro do material precedente. Do meu ponto de vista, esse intervalo entre "quase um dia feliz" e o parágrafo final representa uma das mais longas inspirações da história da literatura, uma vez que precede um imenso grito silencioso, a percepção visceral do inferno na Terra que resulta do ato de lembrar – a outra "metade" do livro. Mesmo admitindo-se um dia de relativa felicidade, o acréscimo de mais 3652 dias iguais mal chega a ser um bom presságio. Por conseguinte, segundo minha interpretação, o livro possui duas "metades" desiguais: os primeiros 99,9 por cento, quando Shukhov "desperta" lentamente e relembra seu dia, reconhecendo até, em seu final, que ele não fora, parafraseando, "tão ruim assim"; e o 0,1 por cento final, na forma do último parágrafo, quando se constata que a boa sorte e o esforço quase sobre-humano necessários para conduzi-lo em segurança através desse dia são totalmente eclipsados pela escala de dez anos. Ou, como é o caso de um dos internos – certamente uma das passagens mais tocantes do livro – que "estava preso [...] desde a criação do Estado soviético... e... assim que terminava de cumprir uma década eles lhe imputavam mais uma".

A felicidade relativa desse dia de Shukhov é esmagada pelo peso terrível do último parágrafo, restando apenas o registro de um profundo desespero.

Robert Lagerberg é conferencista sênior de russo na Universidade de Melbourne.

Tim Soutphommasane

Considero muito do que tem sido escrito recentemente sobre a felicidade e o bem-estar meio frustrante, quando não totalmente decepcionante. A razão é que a grande maioria desses livros é escrita por economistas, cujo principal interesse é medir a felicidade. A própria atitude de medir a felicidade já nos leva pelo caminho errado, pois supõe que a felicidade existe como algo que devemos procurar maximizar. Ela também indica que a felicidade, seja ela individual ou social, pode ser alcançada como uma questão de cálculo racional. Nossos amigos economistas, os praticantes da ciência lúgubre, normalmente diriam que a chave para desvendar a felicidade é concentrar-se nas variáveis certas.

O ensaio de David Malouf representa um corretivo elegante e humano a esse utilitarismo vulgar. Como observa Malouf, o problema de tentar medir a felicidade é duplo. Em primeiro lugar, não podemos medir a felicidade como tal, somente alguns de seus agentes como renda, educação ou saúde. Segundo, ao lidar somente com fatores gerais e quantificáveis, as representações estatísticas da felicidade não conseguem dar conta da singularidade e da subjetividade da felicidade: "Ela pertence ao universo daquilo que é sentido, do que não pode ser apresentado ou calculado numa escala porque não pode ser visto." É esse caráter indefinível que faz com que a busca pelo contentamento seja um tema sempre presente.

Concordo com Malouf que grande parte das discussões sobre a felicidade diz respeito, na verdade, às condições sociais que associamos a um bom padrão de vida. Também concordo com seu comentário de que a palavra "felicidade" é usada tão amplamente que passamos a considerá-la sinônimo de termos como "contentamento" e "satisfação". Além disso, eu diria que muitos australianos não fazem nenhuma distinção entre felicidade, bem-estar e qualidade de vida. Supomos que alguém seja feliz e viva bem se desfrutar de uma boa qualidade de vida.

Entretanto, até que ponto a linguagem mais precisa pode contribuir para uma melhor compreensão do que deveria significar viver bem? É claro que felicidade e bem-estar não significam a mesma coisa. O filósofo Bernard Williams escreveu que, embora faça sentido dizer que alguém pode se sentir feliz um dia e infeliz no outro, o bem-estar envolve a condição da vida inteira da pessoa. As referências que Malouf faz ao Shukhov de Alexander Soljenítsin, o prisioneiro russo "feliz" de *Um dia na vida de Ivan Denisovich*, indicam que ele partilha desse ponto de vista; como ele mesmo diz, a felicidade é algo que só pode ser usufruído em "momentos de autorrealização". Seus apelos à tradição clássica, tal como reproduzida por gente como Montaigne e *Sir* Henry Wotton (um homem renascentista esquecido, se é que algum dia houve um), indicam que ele acredita que pode existir uma forma superior de felicidade, a que é acompanhada pela virtude e pela sabedoria.

Quando discutimos as questões nesses termos, uma coisa nos vem à lembrança: viver bem implica levar uma vida de plenitude ética. A felicidade pode não ser o objetivo óbvio da boa vida, mas algo derivado do bem-estar. Ao considerar a felicidade, o bem-estar e a qualidade de vida conceitos idênticos, algo se perde. Em vez disso, deveríamos dizer que o bem-estar refere-se à *finalidade* da procura pela boa vida, que a felicidade é um *sintoma* do bem-estar e que a qualidade de vida representa uma combinação das *condições* sociais necessárias para florescer.

Uma visão ética da felicidade representa um desafio aos pressupostos e aos padrões de comportamento modernos. Em um nível, tendemos a considerar a felicidade simplesmente um sentimento ou emoção. Em outro, como escreve Malouf, "A boa vida, tal como a compreendemos, tem que ver com aquilo que chamamos de estilo de vida, com a vida em um mundo que nos oferece presentes ou guloseimas grátis." As preocupações atuais com respeito ao custo de vida e à qualidade de vida revelam que existem sérios limites a um estilo de vida de felicidade: a lógica da felicidade como um estilo de vida material implica uma sensação de crise permanente. Se o que as pessoas comentam serve de indicação, muitos australianos sentem hoje que está ficando mais difícil alcançar uma qualidade de vida decente. Muitos de nós temos expectativas cada vez mais altas do que uma boa vida deveria conter, e acreditamos que nunca conseguiremos fazer com que ela seja suficientemente boa. Tais impressões subjetivas estão desligadas das realidades objetivas. Só muito raramente lembramos que as pesquisas indicam regularmente que a Austrália continua sendo um dos melhores lugares do mundo para se viver e que não temos muitos motivos para reclamar. O Índice de Desenvolvimento Humano de 2010 do PNUD (Programa das Nações Unidas para o Desenvolvimento), por exemplo, nos coloca como o segundo país mais desenvolvido do mundo, atrás da Noruega.

Malouf observa que grande parte dessa preocupação pode ser atribuída a uma inquietação que está se tornando cada vez mais aguda. Na era dos iPhones, do Twitter e das notícias 24 horas por dia, parece que o desassossego permanente tornou-se, ele próprio, a cura para nossa "condição de ansiedade existencial". Poderíamos simplesmente culpar os americanos (esta, só em parte uma brincadeira). Se Thomas Jefferson e seus pares fundadores da república foram responsáveis por fazer da busca da felicidade um direito inalienável da humanidade, então eles devem ser igualmente responsabilizados por essa inquietação. Em *Democracy in America* [Democracia na América], Alexis de Tocqueville observou a luta incansável das pessoas "no meio da abundância":

O gosto pelas recompensas materiais deve ser considerado a fonte original daquela inquietude secreta que o comportamento dos americanos denuncia e daquela inconstância da qual diariamente fornecem novos exemplos. Quem pôs o coração exclusivamente na procura do bem-estar terreno está sempre com pressa, pois só dispõe de um tempo limitado para alcançá-lo, agarrá-lo e desfrutá-lo. A lembrança da brevidade da vida é um permanente aguilhão para ele. Além das coisas boas que possui, a todo momento ele deseja outras mil que, se não prová-las logo, a morte o impedirá de provar. Esse pensamento enche-o de ansiedade, de medo e de remorso, mantendo sua mente em permanente agitação, o que o leva a ficar mudando constantemente de planos e de domicílio.

Qualquer etos da autossuficiência encontra um lar mais natural no Velho Mundo do que no Novo Mundo que a América encarnou; no entanto, a verdadeira questão é saber se nossas modernas sensibilidades estão, em sua essência, determinadas. Parece ser esse o desafio não resolvido que *O que é a felicidade?* apresenta. Malouf aceita resignado que, em sociedades avançadas e altamente controladas, "a boa vida e a vida feliz [...] referem-se a significados distintos e, algumas vezes, não relacionados, da palavra 'feliz'". Porém, se existe aqui uma aceitação filosófica da distinção, isso talvez seja ceder demais e de maneira fácil demais à linguagem dominante do estilo de vida. Tal concessão parece assegurar que a boa vida, corretamente entendida, é, na verdade, algo material; e que o máximo que podemos esperar são momentos passageiros de satisfação, dado que a *eudemonia* e o florescimento só convinham aos antigos.

Não há dúvida de que se pode dizer algo em defesa do restabelecimento da boa vida como uma aspiração ética inequívoca. Uma postura ética mais incisiva pode nos permitir confrontar a impessoalidade, que é uma das causas de nossa inquietação (nas palavras de Malouf, o fato de que "não podemos dar um rosto" às forças da Economia que moldam nossas vidas). Eu me pergunto que tipo de Austrália existiria se pudéssemos conversar sobre bem-estar sem nos referirmos de maneira tão obstinada a estilo de vida. Imaginem se pudéssemos entender que a boa vida não precisa ser definida de maneira tão mesquinha como um santuário de sol, surfe e bairros residenciais. Os australianos poderiam então descobrir que a ansiedade por seu modo de vida e a incapacidade de encontrar a felicidade talvez tenham mais a ver com os desejos insaciáveis, as expectativas irracionais e o apego à prosperidade da classe média, e menos a ver com os culpados de sempre: custo de vida, crescimento populacional e refugiados em busca de asilo.

Tim Soutphommasane é filósofo político e autor de *Reclaiming Patriotism* [A redenção do patriotismo] e do relatório *What Crisis? Well-being and the Australian Quality of Life* [Que crise? Bem-estar e a qualidade de vida australiana]. Pesquisador no National Centre for Australian Studies [Centro Nacional de Estudos Australianos] da Universidade Monash, ele escreve a coluna "Pergunte ao filósofo" no *Weekend Australian*.

Elizabeth Farrelly

O que é a felicidade?, de David Malouf, é uma criatura composta de muitas partes, unidas mais pela prosa refinada – cuidadosa e delicada como o próprio autor – do que por qualquer argumentação convincente. Não obstante a abrangência do discurso, que vai de Jefferson e Platão a Rubens, ao hedonismo e à Proporção Áurea, o ensaio termina praticamente onde começou, com o ponto de vista de um camponês.

Malouf pode ter razão de declarar, na frase de abertura, que a felicidade está "entre as emoções humanas mais simples". Ele pode ter razão de concluir com o Shukhov de Soljenítsin, um personagem projetado para nos demonstrar que a felicidade é algo construído por nós e que o tipo mais confiável de felicidade é o trivial e gradativo, o tipo com o qual, nas palavras finais de Malouf, você "pode se contentar no dia a dia".

Contudo, embora essa interpretação despretensiosa e pessoal da felicidade lide de forma fascinante e, por vezes, brilhante com as causas da felicidade, o ensaio recusa-se a levar em conta suas consequências – ou, se preferirem, seus custos –, que são complexas, implacáveis e tremendas.

Considerando-se que dispomos hoje de mais liberdade, lazer e riqueza do que nunca, é irônico que a felicidade seja o assunto mais discutido em nossa época. Mais interessante ainda é o modo como, no espaço de alguns séculos, a felicidade substituiu a bondade como o principal propósito da vida humana. Pois isso, por sua vez, transformou a Felicidade numa enorme indústria global, que, longe de pôr fim à nossa insaciável busca pela satisfação na vida, estimula-a até que a própria busca ameace nossa sobrevivência.

À primeira vista, vocês podem pensar que a maioria das pessoas sempre desejou ser feliz. Podem até argumentar que os outros objetivos (a honradez, digamos, ou o conhecimento ou o nirvana) não passam de felicidade com outro nome, e que mesmo o altruísmo tem propósitos egoístas. Existe, porém, uma diferença decisiva entre a felicidade que acontece sem ter sido buscada e a felicidade como alvo principal, e não apenas porque a felicidade (como Deus, diriam alguns) é algo que você só enxerga quando não está olhando diretamente para ela ou quando não a está buscando de forma consciente.

Malouf oferece alguns *insights* valiosos. Por exemplo, estou em débito com ele por ter situado nosso senso quase ilimitado de direito à felicidade no germe plantado por Jefferson no século americano com o título de "vida, liberdade e busca da felicidade". Embora observe corretamente que essa era a verdadeira "bomba-relógio" de Jefferson, Malouf nunca chega, de fato, a investigar o porquê.

Também fiquei intrigada com o fato de Malouf ter estendido o elo etimológico entre "felicidade" e "circunstância feliz". Essa acepção mais antiga, que leva em conta uma circunstância externa, está mais próxima de nossa noção de "bem-estar" do que a condição mais pessoal, psicológica e mesmo espiritual que chamamos de felicidade.

Igualmente interessante é a discussão que Malouf promove entre Prometeu e Epimeteu, sugerindo que a inquietação humana – entendida como idêntica à infelicidade – sempre foi a razão principal que a humanidade teve para sair da cama de manhã.

No entanto, a partir daí eu me separo de Malouf. Tendo posto essa esplêndida lebre para correr, ele se recusa a segui-la até a toca – a saber, se a "felicidade" realmente é desejável, benéfica, conquistável ou sustentável. Em vez disso, ele se entrega a uma relaxante discussão sobre arte, beleza e prazer físico, sem se perguntar, aparentemente, se o salto do prazer para a felicidade precisa ser defendido. Ele menciona, corretamente, nossa ansiedade diante da redução das florestas e das calotas polares; porém, em vez de fazer a ligação óbvia com nosso desejo de felicidade, Malouf escapa furtivamente, caindo numa discussão de mente *versus* corpo.

A troca da bondade pela felicidade passa igualmente despercebida, apesar de suas consequências arrasadoras.

Onde expressões como a "boa vida" e, mesmo, a "boa morte" costumavam significar moralmente boa, elas agora significam apenas prazerosa ou, pelo menos, sem dor. O encolhimento de nossas metas, da virtude abrangente e centrada em Deus para o prazer autocentrado, tanto estimulou como alimentou o solipsismo reinante na modernidade.

Malouf parece aprovar isso, fazendo uma reflexão demorada sobre o fato de que "o corpo sempre foi uma fonte de alegria". Apesar do discurso melancólico precedente sobre a "vida interior", sua última linha, sobre o "tipo de felicidade com o qual ele pode se contentar", confirma o sentido de sua conclusão, de que tudo o que realmente podemos esperar talvez seja um pouco de prazer de vez em quando.

Quanto a isso, devo discordar. Do meu ponto de vista, a verdadeira tarefa não é alcançar o prazer ou mesmo a felicidade, por mais adoráveis que sejam. A verdadeira tarefa é fazer com que a vida – a sua vida – signifique algo. Encontrar um significado para ela. Nesse caso, o prazer e a felicidade não passam de chamarizes.

O QUE É A FELICIDADE?

Admito que isso me deixa completamente fora de sintonia com a opinião pública. Enquanto a luta para ser "bom", tal como se concebia outrora essa palavra, ligava inevitavelmente o indivíduo a Deus (como origem moral) e aos outros seres, a felicidade, considerada com tanta frequência algo inerente ao corpo perfeito ou ao volume de riqueza, prefere uma cosmologia totalmente egocêntrica. É isso que faz a felicidade e sua busca tão perigosas.

Enquanto mesmo os hedonistas reconhecem que a procura da bondade é a fonte mais segura da alegria duradoura que advém do envolvimento com uma causa maior, a procura da felicidade é sua própria pior inimiga.

No entanto, assim como a garota gorda se defende do autodesprezo comendo mais chocolate, a humanidade se alivia da culpa pelo destino do planeta comprando mais, bebendo mais, juntando mais bugigangas. Nossa procura incansável da felicidade e nosso arrogante senso de direito a ela estão nos levando diretamente para o despenhadeiro.

Em outras palavras, a felicidade está nos custando a Terra. Estranho, não?

Elizabeth Farrelly é colunista do *Sydney Morning Herald* e autora de *Blubberland: the Dangers of Happiness* [Terra da choradeira: os perigos da felicidade].

Gordon Parker

Como psiquiatra, constato que o tema da felicidade nunca é evocado de maneira direta por meus pacientes. Eles dão prioridade, corretamente, à busca de alívio para o sofrimento psicológico. Portanto, o conhecimento que eu tenho do assunto decorre, em grande medida, das pesquisas feitas por psicólogos, economistas, budistas, políticos e escritores de ciência. Assim, foi um prazer entrar em contato com o ponto de vista de um escritor criativo.

Inicialmente, David Malouf descreve a felicidade como um estado passageiro (o que a ciência chama de felicidade "hedonista"), embora a transitoriedade de tais estados e sua falta de impacto na saúde e no bem-estar façam com que eles encontrem pouco espaço na literatura acadêmica. Outros dão mais importância à "felicidade eudemônica", também conhecida como bem-estar, que enfatiza uma atitude, um comprometimento e um senso de realização confiantes e tem origem no conceito aristotélico de satisfação da verdadeira natureza.

O QUE É A FELICIDADE?

Parece que os níveis de bem-estar são profundamente inatos: as pessoas tendem a ser "florescentes" ou "lânguidas" – com a atividade mental correspondente sendo maior no córtex pré-frontal esquerdo ou direito. Essa tendência tem uma forte predisposição genética e é relativamente estável. A "teoria do ponto de ajuste" afirma que todo o mundo tem um nível particular de bem-estar, com uma variação emocional de 10 a 15 por cento ao redor do "ponto" definido. Por exemplo, ganhar na loteria ou sofrer uma perda importante causará uma mudança diferente na felicidade ou na infelicidade de curto prazo; porém, depois de certo tempo, os níveis de bem-estar voltarão ao ponto de ajuste do indivíduo. Tais níveis estão profundamente ligados à saúde e à longevidade, sendo considerados suficientemente importantes a ponto de gerar normas de medição da Felicidade Nacional Bruta para complementar os índices do Produto Interno Bruto.

Ao examinar a vida difícil de nossos ancestrais, Malouf observa que somente alguns deles tinham a oportunidade, seja por meio da riqueza ou da sorte, de cultivar o senso de bem-estar. Embora os privilégios e o luxo a que temos acesso nos permitam maiores liberdades – especialmente as trazidas pela aposentadoria e pela introspecção –, a ideia que Malouf faz do aspirante a sábio em seu "quartinho de fundo" não corresponde às descobertas empíricas, que revelam a existência de laços fortes e duradouros entre o bem-estar e a socialização – não o isolamento. Também corremos outros riscos se dermos prioridade ao nosso "jardim", se procurarmos ser "totalmente livres" ou "casados unicamente com nós mesmos" – em especial, o risco de sermos condescendentes com nós mesmos. Os benefícios da solidão só podem ser defendidos numa visão de curto prazo – como uma pausa necessária das responsabilidades e das pressões do dia a dia; como um objetivo permanente, porém, corremos o risco de um retrocesso, como a anomia descrita por Milan Kundera em *The Unbearable Lightness of Being* [*A insustentável leveza do ser*].

Malouf afirma que a expressão "boa vida" não evoca mais "a questão de como temos vivido, das qualidades morais". Discordo: se examinarmos a hierarquia motivacional de Martin Seligman (e a hierarquia das necessidades de Abraham Maslow) para alcançar a realização, especialmente por meio do trabalho, encontraremos um claro elemento moral. Assim, na formulação de Seligman, o Nível 1 descreve a "vida aprazível", na qual o trabalho significa apenas ficar num emprego que produza mais sentimentos positivos que negativos. O Nível 2 define a "boa vida", na qual o indivíduo usa suas forças de caráter para trabalhar, amar e exercer o papel de genitor, e na qual o trabalho geralmente é visto como uma carreira. O Nível 3 define a "vida significativa", na qual as forças de caráter da pessoa são usadas para servir aos outros e na qual o trabalho representa um "chamado". Assim, a literatura sobre o bem-estar atribui, sim, um componente moral à "boa vida". Quanto a isso, Aristóteles é irrefutável: "A felicidade é a consequência de uma ação." Ação, não necessidade. Assim, a expressão "boa vida" pode ser atualmente aplicada sem conotações de virtude (como Malouf a utiliza) ou com o sentido claro de promover a força de caráter e o altruísmo.

Um motivo pelo qual a "felicidade" se tornou uma preocupação tão grande é que as gerações anteriores foram levadas a acreditar que, se a doença e a peste fossem derrotadas e se fossem introduzidas máquinas que substituíssem o trabalho humano, então seríamos todos felizes. Malouf utiliza esse enigma. O "paradoxo da felicidade" é que, apesar de terem ocorrido esses avanços, os níveis de bem-estar da comunidade permaneceram estáveis ou, na verdade, declinaram – um fenômeno que Randolph Nesse descreveu como "a piada cruel". Uma razão para isso, claro, é o crescente materialismo que acompanhou tal progresso.

Malouf realça, com perspicácia, as dificuldades para definir "felicidade". Como foi observado, alguns distinguem entre felicidade hedonista e felicidade eudemônica. Como podemos perceber esta última? Em primeiro lugar, analisando medições efetivas de contentamento com relação à vida da pessoa (mas não a complacência da autossatisfação) – normalmente fazendo perguntas como "Quão satisfeito(a) você está com sua vida como um todo?" e "Se você pudesse viver sua vida de novo, existe algo que gostaria de mudar bastante?" Outras medições levam em conta a socialização ou o capital social, a preocupação com a comunidade, o otimismo e a abertura a experiências novas. Uma medição, por exemplo, pede que o indivíduo opine se, em geral, ele acredita que a "maioria das pessoas é honesta". Embora seja uma pergunta aparentemente banal, ela fornece um indício claro quando se comparam essas pessoas assertivas – que passam pela vida com um sorriso de Duchenne* e são sinceras, generosas, verdadeiras a respeito de si próprias e dos outros – com aquelas que são defensivas, misantropas, pessimistas, negativas e inclinadas mais a receber do que a dar. Um elo entre as duas expressões de felicidade, hedonismo e eudaimônia, é que o ato de dar aumenta a felicidade

....
* Referência ao neurologista francês Duchenne de Bolougne que, no século XVIII, fez estudos detalhados sobre as expressões faciais decorrentes do sorriso. Duchenne descobriu que o sorriso verdadeiro e o sorriso falso utilizam conjuntos de músculos faciais diferentes. (N. do T.)

no curto prazo. Felicidade como consequência de uma ação – de novo.

Malouf menciona a "inquietação" da humanidade. Basicamente, uma cultura materialista, com sua propaganda, um modelo que valoriza a celebridade e um conjunto de valores superficiais, influencia essa "inquietação" tentando nos programar para desejar tudo. No entanto, se, de fato, compramos o produto anunciado, nossa "felicidade" é apenas momentânea – e rapidamente saciada –, na medida em que o prazer se torna uma coisa natural e nós, então, precisamos de mais uma "dose". Assim, pessoas materialistas que valorizam o dinheiro, o sucesso, a fama e a boa aparência tendem a ficar menos satisfeitas do que aquelas que se esforçam para manter um bom relacionamento com os outros e participam ativamente de causas sociais. Uma vez mais a "ação" vence a "necessidade".

Malouf dá a entender que nossa imersão atual nas "tarefas múltiplas" pode criar uma nova forma de felicidade. Acho pouco provável, e, pior, essa imersão estimula mais o indivíduo a continuar a buscar a felicidade – com mais rapidez e por meio de tarefas múltiplas. Considera-se que o declínio do nível de bem-estar das mulheres durante as três últimas décadas (o dos homens permaneceu, em grande medida, constante) reflete a crescente pressão sobre elas para que realizem múltiplos papéis (i.e, profissional, esposa, mãe) e meçam seu "sucesso" pela capacidade de dominar todas as tarefas. O bem-estar tende a aumentar quando diminuímos o ritmo ou "cortamos" nossas atividades, em vez de acumular uma série de tarefas e acelerar a rotina para ir atrás da felicidade.

As reflexões de Malouf sobre a natureza da felicidade que foi inserida na Declaração de Independência dos Estados Unidos são fascinantes. Outro elemento de erudição histórica deixa as coisas ainda mais claras. Jefferson tomou emprestado, *sim*, da Constituição da Virgínia "vida e liberdade, com os recursos para adquirir e ter propriedade, buscar e alcançar a felicidade e a segurança". Porém, ele deu preferência à lista mais curta de Locke: "vida, liberdade e propriedade". No entanto, Benjamin Franklin interferiu – como era de seu feitio – e, diz-se, substituiu "propriedade" por "felicidade". Se isso for verdade, o próprio ato de equiparar propriedade e aquisição com felicidade indica, para mim, uma propensão americana para o materialismo bastante antiga – em vez de "otimismo", como quer Malouf.

Inúmeras pesquisas – além de ter sido concedido um Prêmio Nobel a um trabalho de economia nessa área – demonstraram que as pessoas que ganham bastante dinheiro não são muito mais felizes do que aquelas que possuem uma renda baixa (excetuando-se a miséria absoluta). Por que as crianças que vivem em guetos muitas vezes aparentam felicidade, apesar das privações que sofrem? Basicamente, se estamos "adaptados" ao nosso grupo, não somos necessariamente infelizes. Somente quando nos comparamos com outros membros do grupo ou da sociedade e sentimos estar "ficando para trás" é que nossa felicidade fica comprometida. A teoria do "consumo relativo" é da maior importância nesse caso – o que gera a infelicidade não é ter pouco demais, mas ficar desconcertado por ter menos que os outros. Assim, são estes os recados que as pesquisas sobre bem-estar nos mandam:

(i) felicidade não equivale a êxito material;
(ii) não é possível correr atrás da felicidade com êxito; e
(iii) se deseja aumentar seus níveis de bem-estar, você deve diminuir o ritmo e respeitar um conjunto de princípios éticos.

O bem-estar não está profundamente relacionado aos fatores que, segundo Malouf, os estatísticos usam para aferir a felicidade social: igualdade de oportunidade, justiça, liberdade pública, emprego, comida e habitação. Em vez disso, ele está profundamente ligado a relacionamentos, casamento e família, eficácia (i.e., objetivos de vida agradáveis efetivamente administrados), descobrir um "sentido" para a vida (seja ele uma religião, a espiritualidade ou uma filosofia secular), realização profissional e (em certo grau) boa saúde. Aumentamos nosso nível de bem-estar por meio dessas coisas, desafiando a nós mesmos – o desafio é melhor quando é avaliado, quando é criado pela própria pessoa e nem é difícil nem fácil demais –, e por meio da "otimização" (encontrando significados positivos em acontecimentos comuns ou mesmo na própria adversidade).

Segundo os princípios básicos da literatura acadêmica, a felicidade:

(i) exige reciprocidade com os outros;
(ii) é obtida mais pela busca de propósito e significado na vida do que pelo ganho material; e
(iii) vem de dentro e dos relacionamentos, não de um "sucesso" avalizado externamente.

Por essa razão fiquei um pouco perplexo com a avaliação que Malouf faz do Shukhov de Soljenítsin – um interno de um *gulag* soviético que cumpre uma pena de 3653 dias, que tinha comido uma tigela a mais de mingau no jantar, feito um bom acordo com o líder de uma gangue, gostara de construir um muro, fugira e fora capturado numa busca e comprara um pouco de tabaco. Embora Malouf afirme que "Shukhov é nosso *exemplo perfeito do homem feliz*", Soljenítsin apenas descreve um dia de seu protagonista Shukhov como "*quase feliz*", uma vez que ele tivera "vários golpes de sorte naquele dia". Embora Shukhov esteja, de fato, satisfeito por ter feito o dia "trabalhar" para ele, será que ele é a quintessência do sujeito feliz? Existe um toque meio calvinista na visão de Malouf – que, para experimentar a felicidade, precisamos conhecer o sofrimento – e, talvez, a insinuação de que mais sofrimento leva a uma maior felicidade. Quanto a mim, penso que Shukhov teria conhecido a felicidade se o guarda do *gulag* tivesse aberto sua cela e dito: "Lamento, camarada. Stálin acabou de mandar um telegrama pedindo desculpa. Foi tudo um engano – você está livre para partir." Então eu poderia imaginar Shukhov como um homem feliz – mas por pouco tempo. Ganhar um prêmio lotérico como esse só produziria uma euforia passageira, até que a "teoria do ponto de ajuste" entrasse em funcionamento e o Shukhov livre voltasse a ser um lânguido lúgubre – os Estados russos são sistematicamente classificados como os que têm os índices mais baixos de felicidade comunitária. Mas talvez eu esteja sendo pessimista demais.

Gordon Parker é professor *scientia* de psiquiatria da University of New South Wales e diretor executivo do Black Dog Institute. Em 2007 ele participou de um debate sobre a felicidade com o Dalai-Lama.